CB129652

POR QUÊ?

O Espiritismo responde

Sidney Fernandes

POR QUÊ?

O Espiritismo responde

CEAC
EDITORA

Dados Internacionais de Catalogação na Publicação– CIP
(Elaborada por Danielle da Silva Pinheiro - Bibliotecária CRB8-7316)

F363p Fernandes, Sidney,

Por quê? O espiritismo responde / Sidney Fernandes. -- Bauru, SP: CEAC, 2021.
160p.; 14 x 21 cm

ISBN 978-65-990612-8-8

1. Espiritismo – estudo 2. Espiritismo – dissertações I. Titulo.

CDE 30.00.00
CDD 133.9

Índice para catálogo sistemático:
1. Espiritismo – estudo

Revisores - Colaboradores
Carlos Eduardo Luz
Edson de Oliveira
José Mauro Progiante
Mauro Sebastião Pompílio

Projeto gráfico, diagramação e capa
Renato Leandro de Oliveira

Imagem da capa: Mystics art design Pixabay

1ª Edição – dezembro de 2021
1.000 exemplares

Edição e Distribuição

CEAC
EDITORA

Rua 07 de Setembro, 8-30
Fone (14) 3227-0618
CEP 17015-031 – Bauru SP
www.editoraceac.com.br
www.radioceac.com.br
www.tvceac.com.br
www.ceac.org.br

Sumário

PREFÁCIO

Porque o estudo é sempre fundamental

Toda ciência, para ser desenvolvida e bem compreendida, assim como toda filosofia e os demais ramos do saber, há que ser o fruto de muita pesquisa e estudo. Sem dúvida, o surgimento de vacinas contra o vírus pandêmico que assolou o planeta representa fruto de trabalho insano, de noites mal dormidas e contínuo esforço mental de cientistas em busca da prevenção.

O êxito das buscas pelo progresso humano seria impensável sem o dedo de Deus. Cabível, portanto, a formidável expressão filosófica de que por detrás de cada grande homem sempre estará presente a divina inspiração.

Digo tudo isso como introito para louvar o novo livro de Sidney Fernandes, pelo qual procura trazer-nos respostas aos inúmeros *porquês* da vida.

Resultado de muito trabalho, a nova obra, intitulada *Por quê? – O Espiritismo responde*, que aborda temas das mais variadas estâncias existenciais, se traduz num verdadeiro receituário para a boa saúde física e espiritual.

Parabéns, Sidney! E bendito seja Deus.

Mauro Sebastião Pompílio

PRÓLOGO

Quando me sobrevinha uma decepção ou contrariedade qualquer, eu me elevava pelo pensamento acima da Humanidade, e me colocava antecipadamente na região dos espíritos; desse modo, desse ponto culminante, as misérias da vida deslizavam sobre mim sem me atingirem. Tão habitual se me tornara esse modo de proceder que os gritos dos maus jamais me atingiram.

Allan Kardec

Por quê?

Àquele que estuda e pensa, sempre surgirão dúvidas. As existenciais, quando não respondidas, passam a incomodar e a trazer desconforto. Na Doutrina Espírita encontraremos respostas para qualquer de nossas indagações. Ao que a estuda, jamais faltará o porto seguro do esclarecimento.

Não somente para nós, meros mortais, pois, as palavras que encabeçam este texto são a cabal comprovação de que, mesmo para o Codificador, Allan Kardec, colocar-se na região dos espíritos, durante as agruras que vivenciou — que não foram poucas — representava sua maior defesa, a ponto de se tornar absolutamente invulnerável e não ser atingido pelos maus que o atacavam.

Abeberemo-nos em sua monumental obra, estudemos os princípios fundamentais por ele codificados, reflitamos sobre seus ensinamentos e poderemos nos habilitar a dizer que iniciamos os primeiros passos na elevação dos nossos pensamentos.

Naturalmente, não é este autor que, pretensiosamente, se propõe a responder aos porquês das insatisfações filosóficas. As respostas já estão à disposição de qualquer estudioso do Espiritismo. Neste despretensioso trabalho, o caro leitor somente terá a facilidade de melhor localizar as respostas que procura, de acordo com a sua temática preferida.

No mais, a fonte dos conhecimentos doutrinários espíritas está à disposição de todos nós. Basta consultar os tesouros que nos foram legados pelo Codificador.

Por quê?

Selecionei perguntas e respostas, sobre assuntos que julguei da maior relevância e interesse, sempre tendo a Doutrina Espírita como pano de fundo e base inabalável. E é esse precioso conteúdo que passo a compartilhar com vocês, amigos leitores.

Inverno de 2021
Sidney Fernandes

ANSIEDADE, ESTRESSE E DEPRESSÃO

A princípio pensei que fosse coincidência. No entanto, depois de encontrar vários casos muito parecidos, cheguei à conclusão de que se tratava de verdadeira epidemia. Estou me referindo, amigo leitor, a uma verdadeira irrupção, que está ocorrendo no mundo inteiro, de casos de ansiedade, depressão, estresse, síndrome de pânico e até tentativas de suicídio, principalmente de intelectuais, pessoas de grande porte cultural, de moral e raciocínio ilibados.

Depois de pensar muito no assunto, talvez eu tenha encontrado, em frase da controvertida e prolífica escritora russa Helena Blavatsky, algumas pistas para resolver esse enigma.

A humanidade, pelo menos em sua maioria, detesta refletir, mesmo em benefício próprio. Magoa-se como se fora um insulto, ao mais humilde convite para sair por um momento das velhas e batidas veredas e, a seu critério, ingressar num novo caminho para seguir alguma outra direção.

Existem becos filosóficos sem saída?

Aparentemente, no contraponto da tendência dos que se recusam a pensar e refletir e, desta forma, sair dos velhos trilhos ortodoxos, homens de saber começam a observar e pensar e acabam ingressando em verdadeiros becos filosóficos sem saída, e se desesperam com essa situação. Como os impasses contidos nestas perguntas, aparentemente sem respostas:

Como explicar a diversidade de condições físicas, mentais, morais, espirituais, sociais, culturais, existentes na Terra? Por que algumas crianças nascem com a mente privilegiada, nobres tendências inatas, plenas de virtudes, físico privilegiado e larga amplitude intelectual, em marcante contraste com deficientes mentais, com pessoas com tendências criminosas, propensão ao vício, limitações físicas e flagrante ignorância?

Por que alguns espíritos demonstram aptidões tão distantes da educação que receberam? Por que há aqueles que já nascem com privilegiados talentos artísticos ou científicos enquanto outros nascem inferiores e medíocres? Por que, não obstante o berço familiar em que nasceram, certos seres tendem à desonestidade, ao crime e à limitada nobreza de caráter? Se somos todos iguais, perante Deus, por que tanta diversidade de aptidões entre os homens?

Camisa de onze varas ou nós mentais?

A falta de respostas que satisfaçam a sede filosófica desses inteligentes indivíduos, por aceitarem tão somente antiquados conceitos, os induz, como diriam meus avós, a meter-se em camisa de onze varas, a embaraçar-se em verdadeiros nós mentais, que passam a atormentá-los.

Como podem livrar-se desse imbróglio, capaz de levá-los ao desespero, às crises de pânico, à ansiedade, à depressão e, em tristes casos, até à morte? Somente existe uma maneira de fugir à tortura da mediocridade: a catarse proporcionada pelo conhecimento.

O que são lágrimas no coração?

Deixa que as ardentes lágrimas humanas caiam uma a uma em teu coração e nele permaneçam sem que as enxugues, até que seja desvanecida a dor que as causou.

(Helena Blavatsky)

Quando lutamos contra a intolerância, o preconceito, o materialismo, os ceticismos arrogantes da ciência e de algumas religiões, começamos a permitir que as lágrimas ardentes comecem a pingar em nossos corações, para que ocorra o sublime processo de libertação das velhas teias de aranha que não mais satisfazem as nossas incertezas existenciais.

O Espiritismo pode nos fazer felizes?

Embora respeitemos todas as outras doutrinas, não conseguiremos substituir o Espiritismo em busca de outra certeza que nos faça feliz. Nele encontro, pelo raciocínio, a solução racional para os problemas que interessam ao meu futuro.

Ele me dá calma, firmeza, confiança, livra-me do tormento da incerteza.

(Allan Kardec)

O Espiritismo traz a proposta da fé raciocinada, da encarnação como renovação espiritual, sem que percamos de vista os propósitos que precisamos alcançar, razão maior para a própria existência humana. Ele renova a tese das progressivas existências e tudo então se explica.

Como adquirir o equilíbrio que previne doenças da alma?

Existem ainda pessoas que têm dificuldades para aceitar essas verdades e, com isso, acabam enveredando para os campos da descrença, da dúvida, da ansiedade e da depressão.

Todos trazemos a intuição do que já aprendemos no passado e somos mais ou menos adiantados, de acordo com o número de experiências reencarnatórias já vivenciadas. Deus nos criou a todos de forma igual. A aparente desigualdade da humanidade nada mais representa do que a nossa visão do presente, em que estamos esquecidos do que já vivemos.

Nenhuma outra teoria traz essa explicação tão simples, natural e lógica. Abeberemos-nos nesses conhecimentos e conquistaremos o equilíbrio definitivo.

O que ensina Richard Simonetti sobre as amargas lições compatíveis com as necessidades evolutivas?

Como aceitar a justiça de Deus sem conceber esse encadeamento de múltiplas existências, onde, quais alunos matriculados num educandário, recebemos lições compatíveis com nossas necessidades evolutivas?

Ocorre que o Espiritismo oferece-nos uma visão mais objetiva, eliminando fantasias que fazem da morte algo terrível, tétrico, assustador, como se fosse o que de pior pudesse acontecer à criatura humana.

O Espiritismo situa-se como esse aguardado Consolador, dirigindo-se a uma humanidade mais amadurecida, capaz de compreender suas responsabilidades.

Como um farol abençoado que nos oferece novas luzes para um entendimento mais amplo da mensagem cristã, a Doutrina dos Espíritos ressalta que o Mestre Supremo é o Cristo e que nos seus ensinamentos está o roteiro indispensável para que nos habilitemos à felicidade, confirmando que é no esforço do Bem que residem nossas melhores oportunidades de construir um futuro feliz, superando o comprometimento com as ilusões da Terra.

Este é o grande desafio: encararmos a realidade, compreendendo que a jornada terrestre tem dois objetivos específicos de renovação e progresso que não podem ser traídos, sob pena de colhermos frustrações e desenganos, em crônica infelicidade.

Uma Razão para Viver, *Richard Simonetti*

> “*É indispensável que pratiquemos*
> *as lições recebidas em nossas experiências*
> *pessoais, que representam o curso*
> *vivo que nos santifica.*”
>
> Emmanuel

ARREPENDIMENTO

O Cristianismo e nem mesmo Jesus teriam sido conhecidos se Paulo de Tarso não houvesse espalhado a Boa Nova, que depois ganhou contornos de universalidade, pelos países que margeavam o Mar Mediterrâneo. Desde o momento em que caiu ao chão, ouviu Jesus, foi ofuscado por suas luzes, ficou cego e foi curado por Ananias, o convertido das cercanias de Damasco iniciou sua longa jornada, de igreja em igreja, de cidade em cidade, e tornou o Cristo conhecido por todo o planeta Terra.

Paulo, no entanto, passou a ser muito requisitado pelos sítios por onde espalhara as alvissareiras notícias da mensagem cristã. Não daria conta de estar em todos os lugares e não bastaria enviar seus emissários, pois os irmãos, carinhosos e confiantes, contavam com sua sinceridade e dedicação. Diante da impossibilidade de atender a todos, simultaneamente, orou a Jesus que o orientasse. E, conforme narra Emmanuel, em *Paulo e Estêvão*, novamente a inspiração não faltou, na voz dirigida ao coração:

— *Poderás resolver o problema escrevendo a todos os irmãos em meu nome.*

As epístolas obtiveram imediato êxito e passaram a ser aguardadas ansiosamente pelos rincões mais humildes, pelas consolações que levavam, comovendo a todos e assinalando uma nova etapa na história do Evangelho do Cristo.

Paulo falou do arrependimento em suas epístolas?

Em algumas de suas epístolas, Paulo tratou do arrependimento: Romanos, Coríntios 2, Timóteo 2 e Hebreus. Era muito comum o apóstolo falar desse tema pelo contato que tinha com judeus que aderiam ao Cristianismo e manifestavam-se pesarosos pelo passado que julgavam pecaminoso. Em sua terceira viagem missionária, quando ficou longo tempo em Éfeso, ouviu falar de graves problemas que ameaçavam a igreja de Corinto. Felizmente, ainda nessa jornada, provavelmente quando passava pela Macedônia, o apóstolo recebeu boas notícias. Os crentes de Corinto haviam se arrependido dos danos que haviam provocado à igreja. Foi quando Paulo, na Epístola Coríntios 2, referiu-se especificamente a esse episódio:

— *Agora folgo, não porque fostes contristados, mas porque fostes contristados para arrependimento.*

Mais tarde, ele foi pessoalmente visitar Corinto, provavelmente para eliminar as arestas que haviam sido criadas por alguns dos crentes e colocar as coisas em seus devidos lugares.

Foi, no entanto, devido à influência dos judaizantes, que tentavam impor tradições judaicas aos novos cristãos, que Paulo se manifestou aos Hebreus, de forma incisiva:

— *Por isso, deixando os rudimentos da doutrina de Cristo, prossigamos até a perfeição, não lançando de novo o fundamento do arrependimento de obras mortas e de fé em Deus...*
Hebreus, 6:1

A que se referiu Paulo ao falar em obras mortas?

Pragmaticamente o apóstolo sugeriu que aquelas sombras deveriam ser deixadas para trás e que os novos cristãos deveriam olhar para a frente e ocupar-se da realidade do Cristo.

Nos tempos atuais há situações em que nos enganamos nos julgamentos e gostaríamos de voltar atrás. Poderia ilustrar esse assunto?

Arrependimento pode significar percepção ou lamento, após a tomada de consciência de algo supostamente negativo, de tempos passados, e que hoje precisa ser reparado. Foi exatamente o que aconteceu com Dona Malvina e seu filho Ildefonso, em episódio registrado por Irmão X, no livro *Luz Acima*, que a seguir resumimos.

Ildefonso permanecia resignado, preso ao leito, por deficiência física. Dona Malvina, a mãe, era senhora virtuosa e devotada à causa do bem. Graças aos seus méritos junto a amigos espirituais, descortinou-se possibilidade de cura do filho, com sua intercessão.

Foi então que, do Alto, surgiu a ordem de reajuste físico do inválido. Inspirada por entidades espirituais, Dona Malvina levou o filho para receber o auxílio de médium curador, que estava passando por sua cidade.

O servo generoso, cercado de mentores amorosos e agradecidos, orou, impôs as mãos sobre o hemiplégico e transmitiu vigorosos fluidos regenerativos dos benfeitores desencarnados. Ao cabo de pouco tempo, Ildefonso estava totalmente recuperado.

Como se comportou o favorecido pela graça?

Infelizmente, após a cura, a mãe generosa começou a desiludir-se com o filho. Ele se transformou em outra criatura, distanciada da oração, da religião e do trabalho. Em dez meses metamorfoseou-se em desonesto malandro, que se dava muito bem com as bebidas e com as noitadas alegres.

Certa noite, ao repudiar violentamente as repreensões maternas, Ildefonso agrediu a nobre genitora de forma covarde e rebelde.

A mãe prestimosa arrependeu-se de ter intercedido em favor do filho?

Dona Malvina entendeu, então, o motivo da deficiência de Ildefonso. As limitações físicas haviam lhe sido impostas como medidas de contenção, para que o espírito endividado e ainda revoltado refletisse sobre seu passado sombrio e passasse a merecer liberdade de ação. Foi então que ela voltou a orar.

— *Senhor de infinita bondade. Meu filho tornou-se um monstro. Modifica-lhe a rota desventurada. Faça-se a tua vontade, Senhor.*

De repente, intensa luminosidade espiritual resplandeceu sobre aquela cabeça venerável, em forma de nova bênção do Alto. Para surpresa de todos, no dia seguinte Ildefonso acordou paralítico.

Ildefonso ainda não estava preparado para a cura?

A expressão utilizada por Irmão X foi *desiludir-se com o filho*. Dona Malvina chegou à conclusão de que o filho ainda não estava preparado para a cura. Talvez, se ela tivesse atentado para esta frase atribuída a Sócrates, filósofo grego, teria pensado melhor no assunto:

Se alguém te procurar em busca de saúde, pergunta-lhe primeiro se está disposto a evitar as causas da doença; em caso contrário, abstém-te de o ajudar.

Há remédio para o arrependimento?

Ramiro Gama nos conta um dos seus *Lindos Casos de Chico Xavier*, com o sugestivo título *Remédio para o arrependimento.*

Chico Xavier preparava-se para a sessão no Centro Espírita Luiz Gonzaga, quando um viajante, hospedado no Hotel Diniz, perguntou a Dona Naná:

— *Que é bom para arrependimento?*

A prezada irmã indicou Chico, como portador do remédio. O viajante havia brigado com a esposa por motivos fúteis. Estava, portanto, arrependido e desejoso de um remédio.

O médium de Uberaba receitou-lhe, de começo, a leitura do Evangelho e o convidou a tomar parte na reunião do Centro, que deveria realizar-se daí a algumas horas.

Ao final da reunião estava satisfeito. Ganhara o abraço do Chico e absorvera os comentários da lição da noite, que versara sobre a cólera e seus malefícios. Na manhã seguinte, seguiu para Belo Horizonte, onde residia.

Tempos mais tarde, Ramiro Gama, que registrou este episódio, tomou conhecimento da alegria da esposa do viajante, por sua transformação.

— Meu esposo parece que ganhou a sorte grande assistindo à Sessão do Luiz Gonzaga, em Pedro Leopoldo. Trouxe-me *O Evangelho segundo o Espiritismo* para que o leiamos todas as noites, porque foi nele que ganhou o remédio para o arrependimento, um roteiro novo para nossa vida no lar e fora do lar. Graças a Deus!

O que diz Emmanuel em "Fonte Viva", sobre o arrependimento?

Lembra-nos que não basta aceitar as lições de Jesus que nos reconfortam. É indispensável que pratiquemos as lições recebidas em nossas experiências pessoais, que representam o curso vivo que nos santifica.

O aluno que não se retira dos exercícios no alfabeto nunca penetra o luminoso domínio mental dos grandes mestres.

E nos adverte com estas oportunas palavras:

Deixando os rudimentos da doutrina de Jesus, prossigamos até a perfeição, abstendo-nos de repetir muitos arrependimentos, porque então não passaremos de autores de obras mortas.

Emmanuel nos compara ao aluno que teoriza e não pratica?

Recomenda o sábio instrutor que devemos evitar a posição do aluno que estuda e jamais se harmoniza com a lição. Se, por um lado, é útil o arrependimento que acontece de quando em quando, arrepender-se a toda hora representa sinal de teimosia e viciação.

"A criança deve se sentir bem-vinda, amada e querida no seio da família, diante da disposição de todos os familiares de auxiliá-la em seus progressos."

AUTISMO

Um pai percebe que seu bebê flutua. Não é perigoso, necessariamente, mas é muito perceptível, e outros pais de crianças que não flutuam acham estranho e errado.

Então, o pai tenta impedir o filho de flutuar. Ele o mantém dentro de casa, enquanto cresce. Quando saem, ele tem seu filho na coleira e com sua mochila cheia de pedras.

Um dia, seu filho foge e flutua pelo playground. *A criança está feliz, mas os outros pais no parquinho não. O pai arrasta o filho para longe e, em um momento de frustração, exclama:*

— Por que você não pode simplesmente ser normal?!

Quando o pai percebe o quanto essa exclamação machuca o filho, ele se envergonha. Em vez de segurar o filho para se proteger dos pais de crianças que não flutuam, ele deixa o filho flutuar livremente.

Esta é a sinopse de *Float*, um dos três novos curtas-metragens da Pixar, do animador Bobby Rubio, um filipino que escreveu, dirigiu e produziu o filme com base em seu próprio relacionamento com o filho.

A história em si não fala sobre autismo e, sem dúvida, pode se aplicar a qualquer pai ou pessoa que tenha um membro da família que seja considerado diferente.

"Float" foi inspirado em história real?

— *Quando meu filho foi diagnosticado pela primeira vez, não lidei muito bem com esse assunto* — confessou Rubio, o criador do curta-metragem da Pixar.

Foi então que a esposa lhe sugeriu que ele contasse a sua história e a de seu filho em quadrinhos. E a emoção que ele tão bem conseguiu passar no filme fica muito clara em sua dedicatória no final:

— *Para Alex. Obrigado por me tornar um pai melhor. Dedicado com amor e compreensão a todas as famílias com crianças consideradas diferentes.*

Embora seja escassa a literatura espírita sobre o autismo, temos algum texto que trata do tema?

Certa feita, Chico Xavier foi procurado por um pai, que levava no colo um filho de ano e meio, acompanhado de um médico de Uberaba, que explicou que a criança sofria de sucessivas convulsões. Chico concordou com diagnóstico de autismo e alertou que o autista, geralmente, perde o interesse pela vida e vai desejando ardentemente voltar à vida espiritual. Considera o corpo verdadeira prisão e, às vezes, força a porta de saída.

— *É preciso que os pais dessa criança conversem muito com ela, principalmente a mãe. É necessário chamar o espírito para o corpo. Se não agirmos assim, muitos espíritos não permanecerão na carne, porque a reencarnação, para eles, é muito dolorosa.*

Com efeito, na visão espírita, a função dos pais de crianças autistas é criar uma ponte que desperte o interesse de seus filhos por este mundo, com base no amor, na paciência e nos estímulos, sem jamais esmorecer, diante das dificuldades que fatalmente aparecem.

A criança deve se sentir bem-vinda, amada e querida no seio da família, diante da disposição de todos os familiares de auxiliá-la em seus progressos.

No autismo existe a reencarnação compulsória?

No livro *Autismo: uma leitura espiritual*, o professor Hermínio C. Miranda explica que, em alguns casos, não resta à espiritualidade senão a reencarnação compulsória. O espírito acaba reencarnando mesmo contra a sua vontade.

— *Digamos que a entidade espiritual, movida por motivações que só ela pode explicar, decida com firme determinação não mais reencarnar, mas, de repente, se veja ante a contingência incontornável de fazê-lo.*

O espírito, por não desejar nunca mais reencarnar ou, pelo menos, naquele momento, fica sem escolha e, com isso, sente-se forçado e aprisionado. Desinteressa-se pela vida material e, quanto mais rudimentar e precária for a comunicação com o mundo, menor será o seu envolvimento.

Prefaciador da obra de Hermínio Miranda, o médico neurologista Dr. Jano Alves de Souza concluiu que *sejam quais forem os mecanismos materiais envolvidos na gênese do autismo, indubitavelmente, sua causa inicial está nas experiências pregressas e nas necessidades cármicas do espírito reencarnante.*

Nessa mesma linha, defende o médico espírita Carlos Eduardo Sobreira Maciel que, via de regra, os espíritos autistas têm severos débitos passados, muitas vezes em situações de obsessão espiritual, com a necessidade de passes, tratamento desobsessivo e uso de água fluidificada.

Especifica o Dr. Maciel que o processo de formação do autismo consolida-se no momento da reencarnação, quando se vislumbra a consciência do indivíduo marcada pela culpa, que lhe provoca lesões no perispírito e consequente sensibilização na formação do sistema nervoso.

Há casos — continua o médico — em que, mesmo não havendo lesões perispiríticas, o sentimento de culpa pode provocar processo de abandono consciente da vida, uma espécie de autoencarceramento orgânico, que provoca a rejeição à reencarnação e recusa à comunicação, fatores que acabam por danificar o cérebro do reencarnante.

Onde se encontram as raízes do desequilíbrio?

No livro *Loucura e Obsessão*, Bezerra de Menezes afirma que as raízes do desequilíbrio podem remontar a tempos remotos. No afã de fugir do resgate de faltas passadas, das lembranças que os atormentam e de vítimas pretéritas, há espíritos que buscam o transtorno invasivo da alienação mental, através do autismo.

Há casos em que o autismo não acontece?

Helen Wambach, psicóloga e pesquisadora norte-americana, conhecida pelas regressões em grupo, é um dos expoentes da chamada regressão terapêutica. Em seu livro *Vida Antes da Vida*, explica que o autismo pode ser uma atitude de rejeição à encarnação.

Realizou várias experiências com adultos, regredindo-os à vida intrauterina, trazendo à consciência percepções e sensações antes do nascimento, observando e sentindo os efeitos físicos e emocionais, tanto da mãe, quanto dos pacientes. Algumas dessas impressões são marcantes e podem se manter em nossa memória por toda a existência, podendo, também, ser consideradas causas dos processos de autismo.

Acompanhemos estes depoimentos em que os espíritos, não obstante terem passado por processos dolorosos, conseguiram encarar a situação com naturalidade e evitar o processo do autismo.

1º caso — *Minha mãe não me desejava. Certa vez tentou abortar. Fiquei irado por ocasião do parto, porque ela pretendia divorciar-se de meu pai. Agora estou conscientizado de que parte do meu carma consiste em aprender a amar minha mãe de qualquer maneira.*

2º caso — *Ao me ligar ao feto, dava-me conta de que minha mãe estava assustada, de início, mas, posteriormente aceitou o processo com naturalidade.*

3º caso — *Foi uma experiência forte, não desagradável, mas, surpreendente, o meu nascimento. Evitei mensagens à minha mãe para que ela encarasse tudo como sensação e não como dor. Percebia, de forma clara, as atitudes de outras pessoas. Eu estava muito feliz por assumir esta vida.*

Quais são as causas do autismo, segundo a Doutrina Espírita?

Afirma Richard Simonetti, em seu livro *Viver em Plenitude*:

Retornaremos à carne vezes sem conta, até que nos tornemos aspirantes à angelitude. Espíritos imaturos estimariam permanecer "numa boa", evitando as limitações da matéria, as complicações do esquecimento, os problemas de reconciliação com desafetos, o suor do rosto, as dores do mundo, as angústias existenciais...

Mesmo os mais esclarecidos encaram com relutância o retorno, embora conscientes de que, como diria Camões, reencarnar é preciso.

Não raro o espírito sente-se tão inseguro ou tão contrariado, reluta tanto que chega a rejeitar a experiência que se inicia. Dispara ele próprio problemas fetais que podem resultar no aborto.

Esta fuga acontece particularmente no início da gestação, quando tênues são os laços que o prendem ao corpo. A gestante nem chegará a perceber, julgando-se às voltas com mero atraso no ciclo menstrual.

Há casos em que se consuma a reencarnação, mas o espírito recusa-se à nova existência, originando um comportamento autista, como se buscasse esconder-se dentro de si mesmo.

Fácil concluir que reencarnar não é simples ligar de uma tomada. Há vários fatores que precisam ser harmonizados. Imperioso, sobretudo, trabalhar os pais para que se disponham ao encargo, evitando grave problema: a rejeição.

Poderíamos analisar um caso real?

Depois de dez anos, encontrei-me com Orlando, velho colega de trabalho. Como eu, havia se aposentado do Banco do Brasil há mais de vinte anos. Lembrei-me de que ele tinha três filhos, um deles autista. Nunca havia falado com ele sobre o menino do meio. Foi Orlando que me deu a oportunidade de tocar no assunto.

O *menino* agora está com mais de quarenta anos. Descontraidamente, falou-me sobre a vida com Ronaldo, cuja idade mental não ultrapassa cinco anos.

Ainda hoje, banho, alimentação, roupa, banheiro e medicamentação são conduzidos por Orlando, cuja primeira esposa, mãe de Ronaldo, faleceu no seu nascimento. Jamais permitiu que qualquer encargo do filho especial ficasse por conta de sua segunda esposa.

Tive que me segurar para não me emocionar com o carinho, o desvelo e a dedicação que Orlando dedica a Ronaldo. Tive ali, naqueles poucos minutos de conversa, a prova viva e cabal do verdadeiro amor de um pai para seu filho, diferente para os outros, absolutamente normal para ele.

O que mais o Espiritismo esclarece sobre o autismo?

E quando não se conta com a bênção da Doutrina Espírita para esclarecer as causas filosóficas do autismo? A que atribuir o aparente *defeito* do filho que nasceu diferente de outras crianças? Ao acaso? Ao acidente genético? Ao destino? Ou a um deus vesgo e injusto que errou logo com minha família?

Fica mais fácil entender a justiça divina quando contamos com o conhecimento da lei de causa e efeito, que mostra que a origem das dores de agora está nos erros pretéritos, que o sofrimento de agora nada mais representa do que a colheita de plantação indevida do passado e que uma equipe especializada de engenheiros espirituais projeta e constrói os corpos, de acordo com a roupagem perispiritual e as necessidades evolutivas de cada espírito.

Grandes méritos podem ser contabilizados aos pais que, não obstante o desconhecimento dessas leis naturais, aceitam, resignadamente, os filhos diferentes que aportaram em seus lares, cuidando deles com o mesmo carinho, com o mesmo amor que dedicam aos seus demais rebentos.

O que diz Emmanuel sobre espíritos enfermos?

Espíritos enfermos, passamos pelo educandário da reencarnação, qual se o mundo, transfigurado em sábio anestesista, nos retivesse no lar para que o tempo, à feição de professor devotado, de prova em prova, efetue a cirurgia das lesões psíquicas de egoísmo e vaidade, viciação e intolerância que nos comprometem a alma.

AUTOSSABOTAGEM

Burlar a própria dieta, adiar indefinidamente os estudos para um concurso, recusar promoções na carreira, chegar atrasado ou faltar a compromissos importantes e repetir atitudes destrutivas são sintomas de autossabotagem.

Steven Berglas e Edward Jones, psicólogos americanos, desde 1978 passaram a considerar pessoas que apresentam esfarrapadas desculpas de carro enguiçado, gato doente ou emergência no trabalho, como genuínos artistas que dificultam a própria vida, de forma deliberada ou inconsciente. São pessoas que sabotam a si mesmas, porque não se julgam competentes ou merecedoras de uma situação melhor, e depois se oprimem.

A psicologia detectou hábitos e características crônicos na maioria dessas pessoas:

— Vitimização e falta de perseverança: o infeliz geralmente não assume responsabilidade por seus atos e não é perseverante na resolução de seus problemas;

— Confiança: pessoas felizes acreditam no lado bom das pessoas, enquanto pessoas infelizes são desconfiadas e se acham perseguidas por todo mundo;

— Lado ruim: pessoas infelizes tendem a fechar os olhos para o bom e a enaltecer somente o ruim;

— Sorte: a desculpa mais comum do incompetente é

acreditar que a sorte favorece o outro e o azar é o seu companheiro inseparável;

— Medo: a insegurança e o medo do fracasso são atitudes paralisantes para a evolução pessoal;

— Perfeição: o infeliz e o autossabotador cobram-se em demasia e exigem perfeição em seus atos e resultados. *O ótimo é inimigo do bom*, diria Voltaire.

Quais são as causas da autossabotagem?

Pessoas que abusaram de seus bens e riquezas, em vidas anteriores, podem renascer com alguma aversão ao sucesso, para se autopunirem pelos fracassos cometidos? A princípio sim, pois o reflexo condicionado pode prevenir a repetição de erros e vícios que lhes fizeram mal. Essa reação faz parte do processo evolutivo da alma.

No entanto, responsabilizar o passado e não tomar consciência dos deveres do presente seria, no mínimo, fruto de nossa imaturidade.

Indolência, falta de empenho, descontinuidade de esforços, insegurança e outras fobias, ainda que inspiradas em vidas pregressas, são desafios que precisam ser vencidos na vida atual.

Culpar encarnações passadas e não assumir os problemas de agora é a melhor maneira de sucumbirmos novamente a essas falhas de caráter.

Sem dúvida, existem dispositivos preventivos, criados para não repetirmos erros anteriores. Todavia, investidos de coragem, bom ânimo e legítima vontade de acertar, poderemos superar quaisquer obstáculos.

A espiritualidade previne esses enganos?

Embora nos pesem, na atual vida, os insucessos do passado, convém sopesar alguns alertas da espiritualidade:

— A capacidade de sermos felizes depende de nós mesmos: embora vivamos num mundo de provas e expiações, do homem depende a suavização de seus males e o ser tão feliz quanto possível na Terra;

— Pessoas são perseguidas pelo azar: lançamos à conta do destino o que as mais das vezes é apenas a consequência das nossas próprias faltas;

— Males são provocados por obsessores: Deus não o permitiria. Espíritos podem se aproveitar de nossas más tendências para nos inspirar para o mal. Assim acontece com todas as tentações;

— Sofro mais do que os outros: Deus é soberanamente justo e bom e não age com parcialidade. As vicissitudes derivam de causas justas, que, se não forem encontradas nesta vida, com certeza serão devidas a males de existências passadas;

— Meus planos são prejudicados pelos espíritos: Geralmente erramos na elaboração e na execução de nossos projetos. Eventuais más influências dos espíritos podem ser evitadas pelo nosso empenho e pela retidão de nosso caráter;

— Deus não ouve minhas preces: A prece atrai bons espíritos que nos dão forças para suportar os obstáculos. Além disso, a resignação faz com que as provas nos pareçam menos rudes. A prece nunca é inútil, porque fortalece quem ora.

Se a autossabotagem não pode ser debitada ao azar, nem às expiações e provações decorrentes do passado e tampouco aos espíritos obsessores, só restam, como causas, a nossa própria indolência, invigilância e desatenção?

A autossabotagem não faz parte do nosso quadro de expiações e provações e surge por causa de nossa invigilância e desatenção para com oportuna recomendação de Jesus:

Buscai primeiro o Reino de Deus e sua justiça. Mateus, 6:33

Segundo Emmanuel, a maioria das dificuldades que encontramos, quando perdemos a bússola da vida, decorre:

— *dos nossos caprichos, do predomínio de nossas opiniões, da subordinação e submissão de outrem aos nossos pontos de vista, imposição de autoridade e plena satisfação própria no imediatismo vulgar.*

Em suma, a autossabotagem será evitada quando levarmos a sério as nossas obrigações de cristãos, colocando o bem comum acima de nossas exigências personalistas.

Encerro este texto, caro leitor, lembrando esta recomendação de Allan Kardec:

Quanto mais inteligência tem o homem para compreender um princípio, tanto menos escusável é de o não aplicar a si mesmo. Em verdade vos digo que o homem simples, porém sincero, está mais adiantado no caminho de Deus, do que um que pretenda parecer o que não é.

DEFEITOS ALHEIOS

Nenhum mal é digno de comentário. Ressuscitar fatos negativos pode provocar desagradáveis consequências ao que desavisadamente comenta ou àquele que deliberadamente reverbera a maledicência ou fatos infelizes.

— *Nunca me conformo com a exumação de cadáveres...*

Estas palavras foram ditas com bom humor por Jerônimo a André Luiz, durante importante operação socorrista na crosta terrestre. Referia-se o assistente ao cuidado que se deve ter com os erros e defeitos alheios, a serem relembrados somente para que sejam evitados. Divulgá-los e criticá-los é faltar com a caridade.

A indulgência com os defeitos alheios nasceu com Jesus?

O princípio da indulgência foi pressentido pelos precursores do Cristo, quatrocentos anos antes do seu nascimento:

— É dispo*sição natural em todos nós a de nos apercebermos muito menos dos nossos defeitos, do que dos de outrem* — já afirmava a Doutrina de Sócrates e de Platão, ideia cristã revivida e espalhada pelo Espiritismo.

O que são crimes e suicídios copiados?

Sabidamente, tragédias que envolvem personagens notórios incitam comportamentos similares. São as chamadas tragédias em *cluster* ou em série. Wolfgang Von Goethe, em seu romance *Os Sofrimentos do Jovem Werther*, infelizmente provocou a emulação em muitas outras pessoas, que seguiram o triste exemplo do jovem alemão e se suicidaram.

Imaginemos o estrago que um suicídio copiado faria nos tempos atuais se ele fosse amplamente comentado e divulgado pela televisão e pelas redes sociais. Principalmente se o envolvido fosse uma celebridade e não existissem fatores de proteção, tragédias largamente publicizadas serviriam de gatilhos, que poderiam contagiar desavisados.

Males divulgados incitam mentes enfermas a repetirem esses fatos infelizes de alguma maneira, a fim de adquirirem fama fugaz, geralmente à custa da própria vida. Crimes ocorridos em escolas americanas têm como uma das causas a divulgação desse caminho amplamente noticiado.

Quando comentamos o mal, atraímos o mal? Qual deveria ser a nossa conduta nos velórios?

Quando comentamos o mal, atraímos o mal.

Um velório, por exemplo, deveria ser ambiente de respeito e de conversações discretas. Infelizmente, em total desrespeito à figura do desencarnado, que, dependendo do caso, encontra-se ainda aturdido e desprovido de consciência, sem noção exata de sua situação de *morto*, muitos dos presentes contam anedotas, falam mal dos outros e acabam por relembrar fatos desabonadores do próprio defunto.

— *Dimas era um homem interessante e excepcional* —.

Assim descreve André Luiz a fala de um senhor idoso, que se encontrava no velório.

Até aí tudo bem, pois eram palavras de elogio ao desencarnado. A partir daí, no entanto, aquele senhor passou a descrever crime cometido havia mais de trinta anos, que teria sido testemunhado por Dimas, que preferira manter silêncio a fim de evitar escândalo e enormes dissidências domésticas e sociais.

A conversação desrespeitosa e leviana atraiu a horrível figura do assassino, que ali compareceu para tomar satisfações com o maledicente:

— *Sou eu o assassino! Que quer você de mim! Por que me chama? É juiz?!*

A presença da figura monstruosa conturbou o ambiente do velório, com prováveis reflexos negativos sobre o *morto*. Em seguida, todo o corpo do irresponsável narrador foi atingido por violento estremecimento, o que provocou risos dos presentes.

Lamentos de criaturas perturbadas podem trazer algum proveito?

Assim que chegou a *Nosso Lar*, André Luiz atendeu o espírito de uma senhora resgatada de zonas de sofrimento. A pobre criatura queria falar incessantemente de suas dores e problemas, qual demente gastando energias. Inadvertidamente, André procurou entrar em detalhes do que lhe ocorrera.

Com isso, a idosa atendida foi estimulada a falar de sua vida na Terra, da passagem pelo purgatório, das perseguições de seres monstruosos, das disciplinas que aplicava em seus escravos, do preconceito contra os negros, bem como da arrogância e prepotência que ainda portava.

Diante daquele quadro que nenhum proveito estava trazendo, nem para André, nem para o trabalho, Narcisa assim se expressou:

— *André, meu amigo, você esqueceu que estamos providenciando alívio a doentes e perturbados? Que proveito lhe advém de semelhantes informações? Os dementes falam de maneira incessante, e quem os ouve, gastando interesse espiritual, pode não estar menos louco.*

E André aprendeu o procedimento correto, ao ouvir Narcisa dirigir-se à entidade socorrida:

— *Não comente o mal. Já sei tudo que lhe ocorreu de amargo e doloroso. Descanse, sabendo que vou atendê-la.*

Comentários e fofocas podem azedar nosso ambiente?

Comentar o mal, relembrar crimes, destacar erros alheios e propagar a maledicência envenenam nosso ambiente, atraem espíritos inferiores e podem nos trazer desagradáveis consequências.

Não é tarefa fácil, pois taxamos de simples comentário ou inocente fofoca terríveis murmurações que podem contaminar mentes alheias e provocar dissensões e crimes.

Não apenas para guardarmos zelosamente recomendações evangélicas, mas até para evitarmos dores e problemas, evitemos o mal que a falta de indulgência e a ausência da caridade da língua podem provocar.

É verdade que ninguém consegue manter conversação digna, sem falar mal da vida alheia, por mais de cinco minutos?

No atual estágio evolutivo do homem, quando dois ou mais encarnados dialogam, é muito difícil manter conversação digna por mais de cinco minutos.

Ainda que por conveniência pessoal, não somente por princípios éticos e filosóficos, a indulgência deve prevalecer em nosso comportamento, pois ela pode provocar desagradáveis consequências.

Qual é a lição de Valérium sobre defeitos e faltas alheias?

Sempre que os seus ouvidos forem chamados a notar supostos defeitos ou faltas dessa ou daquela pessoa, pense e fale no bem, na certeza de que o mal, seja ele qual for, não é digno de atenção, nem traz proveito algum.

"A solução definitiva para os males do corpo e da alma está na transformação moral do espírito, condição fundamental para se identificar o homem de bem..."

DOENÇAS

A nosologia é um ramo da medicina que estuda a classificação das doenças. Existe um percentual elevado, no entanto, de enfermidades sem causa aparente ou de etiologia obscura. Elas são chamadas de idiopáticas, termo que designa o que surge espontaneamente ou sem causa definida.

O que provoca o sofrimento?

O sofrimento é provocado por desajustes morais que são registrados como máculas em nosso corpo perispiritual. Pode originar-se de desvios desta vida ou de vidas anteriores. A cura, ou pelo menos sua minimização, deve ser procurada na mudança do comportamento do sofredor. Sem alcançar as reais causas, o sofredor girará em círculos e estará espantando moscas, sem resolver o problema definitivamente.

Há pessoas que se comprazem com a doença?

Infelizmente sim! A Síndrome de Münchhausen é uma doença psiquiátrica em que o paciente, de forma compulsiva, deliberada e contínua, provoca ou simula sintomas de enfermidades, sem outro objetivo senão o de obter atenção e cuidados médicos.

Os sintomas se encaixam na descrição da doença relatada, o paciente tem necessidade de se submeter a diferentes exames, consulta vários profissionais, de diversas áreas, tem profundo conhecimento da enfermidade, evita que os facultativos tenham contato com seus familiares e apresenta sinais de carência afetiva e de insegurança.

Diferencia-se do hipocondríaco, que acredita ter a doença, enquanto que o portador de Münchhausen provoca a doença.

O que diz André Luiz sobre pessoas que "gostam" da doença?

André Luiz refere-se especificamente a essa situação no livro *Nos Domínios da Mediunidade*, registrando milhares de pessoas nessa situação. Elas apresentam sintomas de doenças com etiologias diversas e a elas se apegam e se adaptam, porque se sentem mais seguras e acomodadas.

Reclamam aos quatro cantos da moléstia de que se fazem portadoras. No entanto, se essas doenças lhes são subtraídas, sentem-se vazias e padecentes, voltando a apresentar sintomas e impressões que evocam essas enfermidades. Precisam cultivar a posição de vítimas, na qual se comprazem.

Espíritos sentem falta de fluidos doentios?

Quando encarnados e desencarnados se prendem uns aos outros, podem ocorrer situações desagradáveis que indicam uma espécie de fascinação mútua. Acompanhemos a ilustração abaixo, que adaptamos de caso apresentado por André Luiz e comentado por Martins Peralva.

Maria, viúva, não obstante todos os cuidados de amigos espirituais para livrar-se da presença dos fluidos enfermiços do marido Ernesto, desencarnado, ressentia-se da falta dele e ia em sua busca. Achava-se ele em tratamento na espiritualidade, quando, em noite de desdobramento, pela atuação do sono, surgiu Maria, inesperadamente, assim clamando:

— *Ernesto, Ernesto! Por que você não está ao meu lado? Volte imediatamente para nossa casa!*

Esse chamado veio da mesma Maria que, supostamente, queria livrar-se das doenças originadas dos fluidos deletérios do marido desencarnado?

Depois de reequilibrada e conformada, Maria deveria estar interessada no próprio reajustamento. Isso, no entanto, é o que ela julgava querer. A razão, todavia, nem sempre acompanha a emoção, seja no território do além, como do aquém. No íntimo, queria ficar ao seu lado e ia em sua perseguição, reatando os laços que provocavam os seus distúrbios físicos, pois adaptou-se à doença, que lhe trazia mais segurança, com menor esforço.

Doenças sem causa definida podem originar-se da sintonia com enfermidades espirituais?

Sem dúvida, há casos em que, por vícios pretéritos, impregnados em nosso perispírito, surgem doenças sem diagnóstico de lesões físicas. Há, todavia, situações provocadas pelos nossos próprios desequilíbrios. Dizemo-nos prejudicados, inquietos, mas, quando nos subtraem a moléstia, sentimos falta da enfermidade, evocando-a de volta.

Acostumamo-nos à situação de vítimas?

Habituamo-nos com a posição de vítimas. Descreve ainda André Luiz a existência de médiuns que, mesmo aliviados dos vexames que recebem de entidades inferiores, reclamam sua presença, religando-se a elas automaticamente, apesar do esforço de libertação dos mentores maiores.

Por que curar as pessoas se as dores fazem bem para o espírito?

Essa pergunta foi feita ao grande cirurgião carioca Paulo César Fructuoso, orador e escritor espírita, que assim respondeu:

— *Porque a minha obrigação, como médico, é salvar vidas ou minimizar dores. Além disso, como vou saber se já não chegou o momento da libertação do meu paciente ou se Deus não resolveu lhe conceder uma moratória? Por isso, sempre farei o melhor possível para curar e auxiliar os doentes que me procuram.*

O que dizer daqueles que, a pretexto de respeitar a vontade de Deus, entendem que não deveríamos pôr termo às provas do próximo?

É certo que nossas provas devem seguir o curso traçado pelos emissários divinos. Sabemos, no entanto, qual é esse curso? Somente espíritos superiores têm essa informação e ela nem sempre nos é revelada. Por quanto tempo devem durar os nossos sofrimentos? *O tempo necessário ao seu aperfeiçoamento*, respondem os espíritos. Considerando que Deus pode nos conceder moratória ou que tenha chegado o momento da nossa libertação, jamais deveremos abdicar da misericórdia divina, que pode se manifestar pela medicina humana ou mesmo pela atuação direta de espíritos superiores.

Podemos, então, ser escolhidos como instrumentos da divindade para minimizar as dores alheias?

Manifesta-se a justiça de Deus, perante os homens, através dos homens. Podemos, sim, receber a designação do bálsamo que vai cicatrizar chagas abertas pelas invigilâncias do culpado.

São válidos os esforços junto à medicina terrestre para a minimização das dores?

Sem dúvida, pois a medicina, ao lado da ciência humana, representa a misericordiosa mão de Deus para amenizar e curar os males físicos.

Esses esforços, contudo, precisarão ser complementados pela fundamental participação do protagonista dessa história: o paciente. Seus problemas são efeitos decorrentes de causas morais geradas nesta vida ou em vidas anteriores.

Como encontrar a cura definitiva para os males do corpo e da alma?

A solução definitiva para os males do corpo e da alma está na transformação moral do espírito, condição fundamental para se identificar o homem de bem, assim como já definiu Allan Kardec:

— *O verdadeiro homem de bem é o que cumpre a lei de*

justiça, de amor e de caridade, na sua maior pureza. Se ele interroga a consciência sobre seus próprios atos, a si mesmo perguntará se violou essa lei, se não praticou o mal, se fez todo o bem que podia, se desprezou voluntariamente alguma ocasião de ser útil, se ninguém tem qualquer queixa dele; enfim, se fez a outrem tudo o que desejara lhe fizessem.

Pessoas com poderes de cura podem curar todos os doentes?

Nem sempre. Há enfermos que ainda precisam da doença, cujo tempo de libertação ainda não chegou. Sendo as dores físicas o reflexo de nossas imperfeições, pode acontecer de o curador apenas diminuir os sofrimentos, sem, entretanto, alcançar a cura.

Quais são as consequências da cura a quem ainda não está preparado para ela?

Imprevisíveis. Conhecemos um caso de jovem hindu, dotada de poderes de cura, que havia aliviado as dores de grande número de pessoas, e cujo pai ficou gravemente doente. Tanto ele, como familiares, esperavam que a jovem o curasse.

Naturalmente, ela orou em benefício do pai, para ajudá-lo?

No momento em que foi orar pelo pai, ela sentiu que ainda não era o momento da cura, pois ele ainda não estava preparado para a saúde. A jovem ainda tentou argumentar com sua mãe e perante os demais familiares que havia sido informada de que o chefe da casa ainda não estava devidamente amadurecido para ter a saúde de volta.

Qual foi a reação do doente e dos familiares?

De indignação, dizendo que, se ela havia favorecido tanta gente, por que não usar seus poderes em benefício do genitor? Pressionaram a moça de tal forma que ela teve que aplicar o magnetismo no pai, que, tempos depois, estava curado.

O que aconteceu com o pai, depois da cura?

Assim que ele se viu livre da enfermidade, passou a viver uma vida dissoluta, que interrompeu o processo de crescimento espiritual que estava vivenciando através da dor e da doença.

Dores curam nossa alma?

Deficiências, dores e problemas físicos são meios com que a Providência Divina cura as nossas almas. Eles nos fazem refletir sobre erros cometidos, a fim de que não os repitamos e para que assumamos nova postura perante a vida. A doença tem o dom de mudar nossas tendências mentais, para que ocorra a transformação interior e voltemos à charrua evolutiva, da qual jamais deveríamos nos ter afastado.

Rancor, ódio e tristeza podem "encomendar" dores, problemas e doenças?

Sem dúvida, são os ingredientes ideais para o surgimento desses infortúnios. Quero lhes trazer um precioso diálogo, criado por Fábio de Luca, extraído de vídeo de autoria do grupo *Humor e Espiritismo*, denominado *O Entrega Dor*.

Um entregador, abarrotado de caixas, toca a campainha de um apartamento:

— *Oi* — diz o proprietário.

— *Oi, o senhor é Samuel Teixeira Rodrigues?* — diz o entregador, quase não suportando o peso das encomendas.

—*Encomenda para o senhor.*

— *Deve estar havendo algum engano, eu não fiz nenhum pedido.*

Pegando a relação de encomendas, Samuel começa a ler:

— *Dificuldade, problema, infortúnio, dor.... Eu não pedi nada disso. Você acha que estou maluco de pedir essas coisas ruins?*

— *Meu irmão! Não há nada de errado aqui não. Você conhece a lei de causa e efeito? Você encomenda problema, quando causa problema. Sua encomenda chegou!*

— *Mas, eu não quero esses troços aqui não...*

— *Então pare de culpar os outros e encomende coisas melhores.*

— *Mas, como é que faço isso?*

— *Tendo bons pensamentos. Se você só pensa em rancor, ódio e tristeza, o que você acha que vai bater na sua porta?*

— *Tudo bem. A partir de agora vou ter pensamentos mais saudáveis, praticar boas coisas, enfim, vou me controlar mais...*

— *Ok, assim você receberá coisas boas. Mas, isto aqui, meu irmão, já estava encomendado, é tudo seu.*

Cena seguinte, o entregador deixa todos os bagulhos na porta de Samuel e vai embora.

Qual é a recomendação de Emmanuel, diante dessas tristes encomendas?

Aconselha-nos a não nos determos em demasia sobre mágoas, impressões infelizes e dores. Semeamos incessantemente e a todo tempo estamos colhendo. Não é preciso atravessar a sombra do túmulo para encontrar a justiça divina. Achamo-nos diante dela em todos os instantes de nossa vida.

“Tudo dependerá, portanto, de como vamos empregar os dons inatos, as facilidades e os talentos que recebemos na presente existência.”

EQUILÍBRIO

O ditado português "Nem tanto ao mar, nem tanto à terra" sugere moderação, equilíbrio ou, ainda, nem muito nem pouco.

Alcançar o comedimento é tarefa fácil?

Aristóteles, um dos pensadores gregos de maior influência na cultura ocidental, elaborou a teoria do meio-termo, segundo a qual o homem poderá desenvolver as qualidades de seu caráter, desde que consiga identificar os extremos.

Por exemplo: entre a imprudência e a audácia, embora muito próximas, está a coragem. Ou, entre a inércia e a ambição, está o trabalho empreendedor. Ou ainda, entre a carência e a riqueza, está a estabilidade financeira. Tudo consiste em se conscientizar dos pontos extremos e buscar, com todas as forças possíveis, a justa medida. O equilíbrio é o caminho da evolução.

Quem possui riquezas consegue alcançar o equilíbrio?

O texto evangélico que diz ser mais fácil um camelo passar por uma agulha, do que um rico entrar no reino de Deus, parece induzir-nos a pensar que Jesus tinha um santo horror à riqueza e que somente os pobres entrariam no reino dos céus.

Na verdade, explica-nos Allan Kardec, na alta posição, o homem que desfruta de autoridade e poder terá maiores tentações. Nem por isso, no entanto, estará impedido de fazer o bem. Tendo melhores condições, se conservar o equilíbrio e o bom senso, poderá sensibilizar-se com as carências alheias e ser solidário a elas.

Encontramos bons exemplos?

Nos dias atuais encontramos preciosos exemplos no trabalho meritório de bilionários e filantropos que destinam significativas fatias de suas fortunas para o financiamento de dezenas de projetos para melhorar a qualidade de vida dos indivíduos, principalmente de comunidades carentes. A provação da riqueza não lhes turvou a sensibilidade para causas nobres.

Foi isso que aconteceu com personagens descritos por André Luiz no livro "No Mundo Maior"?

Bastava leve brisa para os dois velhinhos segurarem, de encontro ao peito, fragmentos de lama, como se fossem precioso tesouro.

Eles viviam entre o medo e a suspeita. Eram usurários desencarnados que não praticaram a ambição moderada e nobre e muito menos vacilaram em empregar todos os meios possíveis para alcançar seus fins egoísticos. Armaram verdadeiras ciladas a companheiros incautos, para sugar-lhes as economias.

Os sofrimentos de suas vítimas, com maléficas emissões de vingança, alcançaram-nos depois do desencarne, impondo-lhes couraça no campo das ideias.

De repente, André Luiz identificou a voz do seu querido avô Cláudio, que sempre o tratara com muito carinho e patrocinara seu curso de medicina, para que ele tratasse de pobres e desvalidos.

Era ele que estava ali, à sua frente, desesperado, preso ainda aos seus anseios de posse e poder. Depois de quarenta anos desencarnado, lembrava-se agora, com arrependimento, dos crimes que cometera, da considerável fortuna que acumulara e da velhice espinhosa que curtira, pelo excessivo apego ao dinheiro.

De um salto, André venceu o espaço que o separava do querido avô. Erguendo os olhos, perguntou-lhe:

— *Vovô Cláudio, pois o senhor não me conhece mais?*

Amparado pelo mentor Calderaro, que também enxugava lágrimas discretas, André sustentou seu avô nos braços, como se transportasse, louco de alegria, precioso fardo que lhe era doce e leve ao coração.

Temos aqui o outro lado da moeda?

Se, por um lado, Cláudio, o avô de André Luiz, não conseguiu manter o equilíbrio e, ao invés da moderação, preferiu a riqueza e a ambição desenfreada, de certa forma confirmando o texto de Jesus a respeito dos ricos, por outro lado, aqui temos o verso da moeda.

O que aconteceu com o rico e poderoso rei depois da morte?

Vejamos este curioso episódio, narrado por Irmão X, que aqui transcrevemos, resumidamente.

Dois homens chegaram, depois da morte, ao plano espiritual. Um trazia as marcas da deficiência e da carência e o outro os sinais de que havia sido rei, na Terra.

O primeiro mostrava, claramente, lutas interiores e fortes tribulações materiais, que o impediriam de demandar regiões superiores. O segundo, diferentemente, denotava claridade íntima, oriunda do bom emprego que havia feito da riqueza e do poder, que o habilitariam a viajar em demanda a mundos mais adiantados.

Diante da inconformação do outrora aleijado, que havia sido paupérrimo e sofrido toda sorte de privações, assim se manifestou o representante divino:

— *Viste-o na mesa farta, mas não lhe percebeste os sacrifícios ao comer por obrigação. Além disso, na posição de soberano, podia ferir e não feriu, humilhar e não humilhou a ninguém, prejudicar e não prejudicou, desertar e não desertou...*

Ao ouvir essas ponderações, o ex-mendigo indagou, aflito:

— *O que será de mim agora?*

O ministro angélico abraçou-o sensibilizado, e informou:

— *Agora, renascerás na Terra e serás também rei.*

De que forma será determinado o nosso caminho evolutivo?

Como podemos notar, amigo leitor, não é a posição social, a quantidade de bens ou o alcance dos poderes a nós concedidos que vão determinar o nosso caminho evolutivo, e sim o equilíbrio e a sobriedade com que venhamos a utilizá-los, considerando, em última instância, o texto evangélico que nos adverte de que *a todo aquele a quem muito foi dado, muito lhe será pedido.*

Tudo dependerá, portanto, de como vamos empregar os dons inatos, as facilidades e os talentos que recebemos na presente existência.

Procuramos ser menos fúteis, orgulhosos e egoístas, ou permanecemos apegados aos bens materiais? Guardamos o equilíbrio, a sobriedade e o comedimento, ou nos deixamos empolgar pelos extremados vícios da vida?

De acordo com o aproveitamento em favor de nossa economia espiritual e do próximo, será determinada a nossa responsabilidade.

“Não há a menor dúvida de que os espíritos superiores podem amparar os encarnados, quando há merecimento e permissão da espiritualidade.”

ESPERANÇA

Sofrimentos pessoais ou de familiares abalam nossas convicções. O conhecimento de que dores representam reflexos de desequilíbrios espirituais e emocionais nem sempre evita o desânimo e a descrença.

Falta-nos, muitas vezes, a fé viva e a crença emocional, que são calcadas em vários fatores:

— Cargas são sempre proporcionais à resistência de quem as recebe;

— Criaturas são dotadas de chama divina com poder ainda inimaginável ao pobre de espírito;

— Jamais falta o suporte e o bom ânimo ao que merece a proteção divina;

— Dores, no mais das vezes, representam o único remédio contra doenças da alma.

A esperança esteia-se na perseverança e na convicção de que tudo pode melhorar, de acordo com a nossa resiliência e a ajuda do tempo, que tudo cicatriza.

De outra parte, se passamos por situação que não pode ser mudada, *o que não tem remédio, remediado está.*

Todos portamos o mesmo nível de esperança, diante da adversidade?

Cada espírito reage de maneira diversa, perante a dor. Uns ficam mais amargurados, outros melhoram. Alguns caem e sucumbem, outros reerguem-se, retiram de suas provas a experiência e a beleza moral e passam a vislumbrar as próprias belezas interiores que lhes foram outorgadas por Deus. Os bens do mundo passam a lhes parecer precários e transitórios. Daí a oportuna expressão de Léon Denis a respeito da felicidade:

— *É em vão que se a procure nos gozos terrestres que o sopro da morte carrega.*

É possível contar realmente com os espíritos nos momentos difíceis de nossa vida, quando a esperança se esvai com o sofrimento?

Não há a menor dúvida de que os espíritos superiores podem amparar os encarnados, quando há merecimento e permissão da espiritualidade.

Em *O Livro dos Médiuns* encontramos o caso de uma senhora que acabara de perder o marido após trinta anos de vida conjugal.

Ela se encontrava a ponto de ser expulsa de sua casa, sem qualquer recurso, por seus ingratos enteados, dos quais cuidara durante toda a vida no papel de mãe.

Seu desespero estava no auge quando, inesperadamente, numa noite, apareceu o marido, que a convidou para segui-lo até o escritório e lhe disse:

— *Previ o que está acontecendo e quis assegurar teu fu-*

turo; nesta gaveta estão minhas últimas disposições: está assegurado o usufruto para ti desta casa e de uma renda mensal.

Com a ajuda do morto, conseguiu ver, por um efeito de segunda vista, o interior da escrivaninha, onde havia um compartimento secreto. Em seguida ele desapareceu.

No dia da abertura do testamento, ela abriu a gaveta secreta e mostrou os documentos indicados pelo marido.

Mônica, mãe de Aurélio Agostinho, chegou a desistir de buscar a regeneração e a conversão de seu filho ao Cristianismo? O que reavivou suas esperanças?

Estamos falando de expressivos personagens da Igreja: Santo Agostinho e Santa Mônica. Com razão, a mãe teve grande trabalho para aprumar a vida devassa de Aurélio Agostinho. Elc nasccu na África no dia 13 de novembro de 354. Tinha temperamento impulsivo e veemente. Em sua juventude não gostava muito de estudar e parecia um caso perdido. Viveu muitos anos disperso, vazio de Deus e distanciado do devotamento cristão de sua mãe.

Ela jamais desistiu do filho, estimulando-o a reparar faltas cometidas, a estudar e a vivenciar os ensinamentos do Cristo e transformar-se em homem de bem.

A chave para essa transformação aconteceu no ano de 386, quando Agostinho, de repente, começou a ouvir o que ele supôs ser o cântico de uma criança invisível, que se confundia com o canto de pássaros, que lhe diziam claramente: *Toma e lê, toma e lê.*

Ele tomou a epístola de Paulo ao Romanos e leu, no capítulo 13, versículos 13 e 14, o texto que o conduziu definitivamente à sua transformação moral.

Tornou-se um dos maiores intelectuais e oradores do Cristianismo. Comia frugalmente, trabalhava incansavelmente, desprezava fofocas e tentações e era prudente na gestão financeira dos negócios da Igreja.

Sua vida nunca foi tranquila: pregava até duas vezes ao dia, ministrava catequese, resolvia questões de justiça e atendia pobres e órfãos, mesmo com posição e autoridade de bispo.

Seu pensamento influenciou profundamente a visão do homem medieval. Conseguiu uma proeza extraordinária:

— É reverenciado como Santo na Igreja Católica e na Igreja Anglicana;

— É considerado Pai Teólogo de muitos dos protestantes, notadamente os calvinistas e os luteranos;

— É louvado na Igreja Ortodoxa Oriental; e

— É respeitado e citado pelos espíritas.

Fazei o que fazia, quando vivi na Terra: ao fim do dia, interrogava a minha consciência, passava revista ao que fizera e perguntava a mim mesmo se não faltara a algum dever, se ninguém tivera motivo para de mim se queixar.

A grande obra, oriunda dos estudos, reflexões e méritos da vida de Santo Agostinho, além, naturalmente, do seu abençoado pretérito, somente foi possível graças à dedicada mãe, que jamais perdeu as esperanças de transformá-lo em homem de bem, cuja palavra influenciaria toda a humanidade.

Os que dizem crer, mas descreem, o que podem esperar diante das intempéries da vida?

As escolas e as universidades são pródigas em conhecimentos, mas pouco ensinam a respeito da alma e de seu verdadeiro destino. A maior parte dos professores e pedagogos não trata do problema da existência. O mesmo ocorre com determinadas religiões, cujas orientações a respeito da vida depois da morte restringem-se a atitudes de resignação, sem explicações claras do porquê da dor.

Ensina Emmanuel que a Terra está repleta dos que creem, estudam, esperam, ensinam e confiam, mas ao mesmo tempo descreem, não aprendem, desesperam, não sabem e duvidam.

Para que o homem se caracterize como civilizado, precisará se despir do *faz de conta* e efetivamente partir para a cultura. Não apenas a que abarca o conhecimento material e as artes, mas também a que abrange a moral e o respeito para com a família e a sociedade.

O que devem esperar as pessoas que se dizem religiosas, mas fazem descaso das realidades espirituais?

Os que se recusarem a tomar conhecimento das realidades da vida e, com isso, não se prepararem adequadamente para as transformações que ocorrerão, ficarão atônitos com a morte de entes queridos e com a sua própria morte.

Pouco lhes servirão as imponentes conquistas da erudição terrena, porque descuidaram dos preparativos para a grande viagem em direção ao portal da eternidade.

Na verdade, caro leitor, não há situação desagradável que não possa ser debitada ao nosso descaso, às ações negativas que provocamos ou à rejeição do conhecimento. Jamais poderemos reclamar daquilo que permitimos que acontecesse.

Quem se habitua à tristeza, ou concorda em conviver com faltas, ou ainda se recusa a melhorar-se, não deve culpar ninguém, pois isso depende da escolha pessoal.

Fomos criados para o bem e para felicidade e nossa coparticipação, nesse processo, é fundamental.

Se a esperança tem como alicerces o conhecimento e a devoção espiritual, como se comportam os ignorantes e os descrentes diante de uma fatalidade?

Somente aquele que passou pela hora difícil da partida de um ente querido pode dar o testemunho da sua incomensurável dor. A situação se agrava, sobremaneira, quando essa tragédia o surpreende despreparado.

— *Estou só em São Paulo, no primeiro mês após o falecimento de Cynira. Basta escrever "falecimento" e um frio me atravessa. Mas é melhor escrever "falecimento" do que "morte", pois lembra desfalecimento, saída de cena temporária, pois Cynira é figura vital e não se compatibiliza com a ideia de extinção.*

Quem escreveu essas palavras foi o notável historiador, professor e cientista político Boris Fausto, que jamais cogitara do tema morte. A imensa obra que ele produziu, e que o tornou referência na história e na política brasileira, não o vacinou contra o esmagamento da dor da morte de sua esposa Cynira, que o pegou desprevenido ou, como diriam os antigos, *de calças curtas.*

— Falo com ela, como se minha voz pudesse acordá-la do sono eterno (expressão horrível). Digo da minha saudade, que em casa tudo está bem e até peço alguns conselhos. Derramo lágrimas amargas.

Como ficou o coração de um pai que, não obstante sua erudição científica, foi surpreendido com a repentina morte da filha, assunto de que jamais cogitou?

O notável filósofo Léon Denis narrou caso da espécie, que muito o sensibilizou por sentir-se impotente de levar a esperança da imortalidade ao coração de um pai atingido inesperadamente pela morte de sua filha querida.

— Um amigo meu, professor da Universidade, passou pela dor de perder a filha, o que lhe reavivou o problema da imortalidade. Dirigiu-se aos colegas, professores de filosofia, esperando achar consolações em suas respostas. Amarga decepção: pedia um pão, ofereciam-lhe umas pedras; procurava uma afirmação, respondiam-lhe com um talvez.

Léon Denis falou ainda sobre o despreparo de uma pessoa culta para o problema da morte. Acrescentou que as instituições podem desvendar os caminhos da ciência, mas não se preocupam com temas fundamentais, como a empatia, o amor e a dedicação ao semelhante, argumentando que isso é assunto para templos e casas de oração.

O Espiritismo, como Consolador Prometido, trouxe a esperança de dias melhores?

O Espiritismo veio, no devido tempo, consolidar e complementar os ensinamentos de Jesus, que não puderam ser revelados à época da sua vinda à Terra. Trouxe à humanidade as bases reais para a sua espiritualização.

A Doutrina Espírita, além de lembrar o que o Cristo nos deixou, desdobra esse conhecimento com uma visão objetiva e clara da realidade espiritual.

Outro aspecto importante com que o Espiritismo nos consola é a possibilidade de reencontrarmos afetos, na espiritualidade. A morte deixou de ser uma desgraça, porque acena com um *até breve* àqueles dos quais nos julgávamos separados para sempre. Notícia desse naipe situa o Espiritismo como o Cristianismo redivivo, o Consolador Prometido por Jesus.

Além de *matar* a morte, a Codificação eliminou a concepção das penas irremissíveis, que destinaria almas imperfeitas para o inferno eterno, assegurando que todos os espíritos terão tantas oportunidades quantas forem necessárias, para sua plena elevação.

Esclarece ainda que anjos não são criaturas privilegiadas, criadas perfeitas por Deus, mas tão somente almas que passaram por todos os degraus evolutivos e se tornaram prepostas do Criador.

ESQUECIMENTO DO PASSADO

Podemos reviver percepções de vidas passadas?

Da mesma forma que o desequilíbrio pode, eventualmente, afetar um ator, a ponto de fazê-lo misturar ficção com realidade, muitos alienados mentais, internados em hospitais psiquiátricos, podem reviver personalidades de vidas anteriores. O que normalmente é diagnosticado pela ciência médica como insanidade mental ou distúrbio psiquiátrico, muitas vezes representa tão somente o embaralhamento de percepções da vida atual com as de vidas anteriores.

Indivíduos portadores de desordem mental podem romper a barreira do esquecimento do passado. Recordações também podem acontecer com crianças, geralmente antes do limiar da puberdade, bem como, às vezes, com adultos.

O homem deve lembrar-se de vidas anteriores?

O homem não pode nem deve tudo saber. Pelo esquecimento do passado, ele é mais ele mesmo — advertem os espíritos na questão 392 de *O Livro dos Espíritos.*

Ainda que ocorram de forma rara, reminiscências do passado nem sempre contribuem adequadamente ao progresso do espírito. O esquecimento poupa o homem de recordações comprometedoras e indesejáveis, em relação às quais ele ainda não está devidamente preparado.

Acessos a vidas anteriores, ainda que vagos e caracterizados por lembranças, dons e habilidades inatos, são inexplicados pela ciência humana e pela própria lógica e ocorrem de maneira excepcional ou temporária.

Se não é recomendável o reavivamento de lembranças, não seria o caso de evitá-lo?

Nem sempre o trauma inicial causador dos desagradáveis sintomas da atualidade — fobias, síndrome do pânico, distúrbios de comportamentos sexuais, transtornos obsessivo-compulsivos (TOC), depressão, ansiedade e outros — encontra-se na infância desta vida, como defendia Freud. Pode remontar a períodos mais distantes do tempo e, às vezes, a vidas anteriores.

Pode acontecer, por mérito do paciente ou por ele já ter purgado suas culpas, ocorrer o que poderíamos chamar de exceção à regra do esquecimento:

Entrando na vida corporal, o espírito perde momentaneamente a lembrança de suas existências anteriores, como se um véu as ocultasse. Todavia, ele tem algumas vezes uma vaga consciência e elas podem mesmo lhe serem reveladas em certas circunstâncias. Mas, é apenas pela vontade de espíritos superiores que o fazem espontaneamente, com um fim útil e jamais para satisfazer uma vã curiosidade.

Observamos, amigo leitor, que, se por um lado o esquecimento do passado é útil e necessário, por outro, quando existem situações traumáticas, que impedem o paciente de lidar com determinadas situações — a claustrofobia (medo mórbido de permanecer em locais fechados), por exemplo —, é possível o desvendamento parcial do pretérito.

Isso não ocorre com o conhecimento da história completa do sofredor, mas através de *flashes*, que poderão aliviá-lo de seus traumas e lhe trazer algum conforto ou até, eventualmente, a cura, através do que os psicoterapeutas chamam de catarse, que é a libertação do que lhe é estranho e lhe traz a deterioração de seu equilíbrio.

No entanto, é preciso ter sempre em conta que, nesses casos excepcionais, estão presentes a misericórdia divina, a autorização de mentores maiores, o cuidado com o paciente e, naturalmente, um processo de moratória advogando a cura ou o alívio do paciente.

Por que as relembranças devem ser evitadas?

Se embaralhássemos as experiências de várias vidas, estaríamos arriscados a conviver com sérios transtornos e embaraços provocados pela consciência das múltiplas personalidades que encarnamos. Pela precariedade do nosso nível evolutivo, correríamos o risco de tornar impossível a convivência social, pois não suportaríamos o acúmulo das culpas que pesariam sobre nossos ombros.

Existe também a questão física. Nosso cérebro está programado para suportar as experiências da presente existência e não comportaria a carga de lembranças do passado, que nem sempre nos fariam bem, considerando os inúmeros erros que já cometemos. Somente em circunstâncias excepcionais e, assim mesmo, de alcance e duração limitados, é possível o contato com o pretérito.

O esquecimento favorece a reconciliação com desafetos?

O recomeço da vida de um sentenciado é muito difícil. A começar pelos seus remorsos e, depois, pela dificuldade em encarar a sociedade depois de desrespeitá-la. Não ficaria tudo mais fácil, se nem o criminoso, nem a sociedade, se lembrassem do ato infeliz?

É o que acontece na nossa nova vida. Deus nos dá a bênção do esquecimento, nosso e dos outros, que favorece a reaproximação de desafetos. Imaginemos como um pai poderia abraçar seu filho se nele reconhecesse um inimigo do passado. Sem apagar o pretérito, ficaria muito penosa a reaproximação entre criaturas que ferrenhamente se opuseram em vidas anteriores.

Sem a lembrança plena já fica complicado o relacionamento entre membros da família, que, mesmo sem saber exatamente o porquê, conservam, no inconsciente, mágoas do passado. Com o esquecimento, Deus nos oferece a misericordiosa bênção do recomeço, sem nos afogarmos no burburinho de nossas culpas.

Não é ilógico pagar um débito cuja origem desconhecemos?

Respondeu-me Richard Simonetti:

— *Há várias razões para essa amnésia. Ela funciona em nosso benefício, principalmente quando somos chamados à reconciliação com os desafetos de vidas anteriores. Conseguiria você abraçar um filho sabendo que ele foi odiado inimigo?*

— Realmente não seria fácil...

— E considere que o esquecimento nos proporciona a bênção do recomeço, ajudando-nos a superar paixões e fixações que determinaram nossos fracassos. Conservamos apenas a experiência, com aquisições morais e intelectuais que são inalienáveis, a se manifestarem na forma de impulsos e aptidões...

> “*Se o homem se cuidasse e não fosse*
> *o autor da maior parte de suas aflições,*
> *haveria menos doenças, menos fracassos,*
> *menos quedas, menos decepções, não seríamos*
> *tão maledicentes, invejosos, indolentes,*
> *e não precisaríamos temer as vinganças.*”

LEI DE CAUSA E EFEITO

Há adversidades, expiações e provações, cujas causas não podem ser encontradas nesta vida e que deverão ser debitadas a vidas passadas ou ao ataque de espíritos obsessores, embora não de maneira supersticiosa ou ritualística, como se fazia na Idade Média. E mesmo nessas circunstâncias, encontramos regiões infernais superlotadas do sofrimento que nós mesmos criamos.

Em serviço na espiritualidade, André Luiz descreve, em *Ação e Reação*, o encontro com entidade recolhida por expedições socorristas, que apresentava aspecto repelente, com hipertrofia dos membros, portando máscara fisionômica com traços confusos e uma esfera estranha, à guisa de cabeça. O aspecto monstruoso denotava perturbação do corpo perispirítico, provavelmente provocada por vingadores perversos, que, por efeito hipnótico, criaram uma espécie de animalização, ainda que transitória, em sua vítima.

Depois de alguns passes dispersivos aplicados na cabeça disforme, o mentor de André Luiz apôs sua mão direita sobre o desventurado, que, ainda em estado de semiconsciência, começou a falar:

— *Depois da morte de meu pai, concluí que somente poderia ser dono exclusivo da propriedade e realizar meus planos com a morte de meus irmãos. Dei-lhes licor entorpecente e simulei acidente com um barco. Foi assim que me apossei da fazenda inteira. Nunca pude ser feliz, pois os fantasmas de minhas vítimas se transformaram em vingadores que me prenderam ao pesadelo em que me encontro.*

Muito tempo mais tarde, depois de várias providências e esclarecimentos dos mentores espirituais, envolvendo vítimas e verdugos, a entidade recolhida voltou à vida física para restituir os bens de que havia se apossado aos seus irmãos, estes agora na condição de seus filhos amados. A lei de causa e efeito agira, de forma a unir afetos e aversões, alegria e dor, luta e dificuldade, no caminho da redenção de todos os personagens envolvidos naquele infausto drama.

Dores, doenças e deficiências sempre vêm do passado?

A partir do momento em que conhecemos a reencarnação, a lei da sintonia psíquica e os desdobramentos do processo obsessivo, partimos para o extremo e encasquetamos que o passado e os espíritos são responsáveis por todas as dores, doenças e deficiências que acometem o homem, e até pela sua morte, quando está imerso na vida física.

Nem sempre, todavia, nossas dores são originárias de processos obsessivos ou de resgates cármicos.

Ensina-nos *O Evangelho segundo o Espiritismo* que muitos males desta vida não são inevitáveis e ocorrem por culpa do próprio homem.

Quando nos falta a sabedoria e a prudência; quando ultrapassamos o limite do necessário; quando damos asas à ambição; quando abandonamos a humildade de procedimentos; e, finalmente, quando nos descuidamos do bem e da prática da caridade...

Surgem, como diria minha avó materna, as sarnas que procuramos para nos coçar, provocadas por nós mesmos.

Essas tribulações são muito mais intensas e numerosas do que aquelas que se originam do passado ou de perturbações espirituais.

Se o homem se cuidasse e não fosse o autor da maior parte de suas aflições, haveria menos doenças, menos fracassos, menos quedas, menos decepções, não seríamos tão maledicentes, invejosos, indolentes, e não precisaríamos temer as vinganças.

Se mudarmos de comportamento poderemos nos livrar dos problemas que criamos?

Admitindo-se que a maioria dos males humanos sejam provocados pelas sarnas que procuramos, ficaremos isentos delas se mudarmos o nosso modo de proceder.

E com relação ao carma? Daí nada mais nos resta a fazer? Estaremos, então, entregues ao indefectível destino que traçamos, em forma de dores e perseguições oriundas do nosso passado?

Ainda aqui, amigo leitor, manifesta-se a misericórdia divina, conforme anotado por André Luiz, em sua monumental obra *Ação e Reação*:

— Entretanto, não desconhecemos que nós, consciências endividadas, podemos melhorar nossos créditos, todos os dias. Quantos romeiros terrenos, em cujos mapas de viagem constam surpresas terríveis, são amparados devidamente para que a morte forçada não lhes assalte o corpo, em razão dos atos louváveis a que se afeiçoam!... Quantas intercessões da prece ardente conquistam moratórias oportunas para pessoas cujo passo

já resvala no cairel do sepulcro?!... Quantos deveres sacrificiais granjeiam, para a alma que os aceita de boamente, preciosas vantagens na Vida Superior, onde providências se improvisam para que se lhes amenizem os rigores da provação necessária?!

Sempre será possível minimizar os efeitos de nossos desacertos?

Nossas dores são inevitáveis porque se originam de situações cármicas por males que perpetramos em passado remoto? Ou a maior parte delas é decorrente do que estamos fazendo agora, na presente encarnação?

Crimes do passado? Ou vícios, desrespeito às leis humanas e às leis divinas, intolerância, imprudência, precipitação e falta de juízo, na vida atual?

Sejam quais forem as circunstâncias, ainda que concomitantes, sempre nos será possível minimizar ou até anular as amarguras e superar os arrependimentos. Quando nos apegamos a Deus, à justiça e à verdade, podemos fazer uso da extraordinária moeda do amor, que potencializa nossas forças e viabiliza a moratória divina, com as bênçãos da Vida Superior.

Qual era o segredo de Magda?

Desde a vida uterina, Magda portava a síndrome da pele escaldada por estafilococos. A partir do seu nascimento, passou a conviver com a doença, que causava reação inflamatória, denominada dermatite de contato, por causa do ressecamento e descamação da pele. Seu corpo secretava uma substância tóxica, que fazia com que a epiderme se soltasse, sem qualquer lesão ou trauma. Seus lençóis precisavam ser trocados diariamente, porque as feridas manchavam a roupa de cama. Além do incômodo de se coçar muito, por onde passava soltava pedaços de pele e havia sempre muito sangue em suas vestes.

Aos vinte e cinco anos, essa situação era extremamente constrangedora para a jovem, porque a impedia de conviver com outras pessoas e ter uma vida social normal. Quando era obrigada a ter contato com colegas ou amigas, sentia-se repulsiva, pois era obrigada a pedir desculpas o tempo todo pelos pedaços de pele que caíam.

Por que Magda nasceu assim?

Ainda no útero materno, surgiu essa síndrome, sem que os médicos tivessem encontrado qualquer herança genética. Se seus ancestrais não tinham genes defeituosos, como Magda contraiu essa doença?

Se não conseguimos encontrar as causas de nossas doenças, dores, deficiências e limitações na atual existência, devemos procurá-la em vida anterior — ensina-nos a Doutrina Espírita.

O segredo de Magda está no passado?

Segundo estudos recentes de uma equipe do Museu Memorial do Holocausto em Washington, havia na Europa, entre 1933 a 1945, em torno de 42.500 campos de concentração nazistas. Tinham finalidades diversas, que variavam entre prisão, prostituição e trabalhos forçados, trânsito e extermínio dos inimigos da Alemanha.

Um desses campos, situado em território alemão, tinha uma característica principal que o diferenciava dos demais: Magda, a esposa do comandante.

Ela era considerada uma das mais legítimas protagonistas do universo de crueldades do terceiro Reich — nome atribuído à epopeia alemã por Hitler, que queria legitimar seu país como real sucessor dos grandes impérios germânicos.

Juntamente com o esposo, Magda teve seus primeiros crimes descobertos em 1943. Foram acusados pela Gestapo de roubar dos prisioneiros dinheiro e bens, que eram considerados de propriedade do Estado. Em 1945, depois da condenação e execução do marido, Magda foi julgada seguidamente por crimes de guerra, até ser condenada à prisão perpétua. No cárcere, depois de sofrer transtornos psicológicos atribuídos às assombrações de prisioneiros que matara e torturara, suicidou-se.

Em seu bilhete final, afirmou:

— Não há outra saída para mim, a morte é a única libertação.

Ao contrário do que pensava, a morte era apenas o início do seu martírio.

Ela encontrou paz depois da morte?

Depois do suicídio, a maior decepção de Magda foi constatar que não havia morrido. Pensava que iria livrar-se de seus tormentos, de seus perseguidores e de suas culpas com um passe de mágica. Assim que se desligou do corpo físico, foi violentamente envolvida por um turbilhão de centenas de almas, que a esperavam, ansiosas por vingança.

Dores intensas tomaram o seu corpo espiritual, que passou a ser objeto de inúmeras retaliações. Ela sentia como se estivesse sendo esfolada em vida por piranhas ferozes que cortavam sua pele em retalhos. Essa tortura parecia não ter fim e ela acreditava que estivesse no inferno de Dante, descrito em versos pelo poeta florentino.

O que mais a apavorava era julgar que aquela tortura jamais teria fim, que estava entregue às penas eternas.

Aquela tortura não teve fim?

No auge de seus sofrimentos, provocados pelas mordidas e rasgaduras daquelas almas infelizes, de repente um milagre aconteceu. Os verdugos que a dilaceravam impiedosamente assustaram-se e momentaneamente afastaram-se dc sua vítima.

Um espírito rodeado de luz aproximou-se e assim se expressou:

— Afastem-se de minha pobre filha, pois a partir de agora eu cuidarei dela.

Magda, sem nada entender, reconheceu a doce voz de sua mãe Mayla naquela sublime entidade que se aproximou e a levou, carinhosamente.

Os méritos de Mayla permitiram a intercessão em favor da filha?

Revestidos da ternura do reencontro da mãe com a filha que estava perdida e foi encontrada, os braços maternais de Mayla conchegaram aquela carga preciosa ao seu coração. Do seu tórax partiram chispas de luz que envolveram Magda e lhe deram ligeiro alívio, após longo de tempo de sofrimento.

A emissária partiu, volitando, em direção a instituição socorrista, levando consigo aquele valioso corpo espiritual.

Seis meses mais tarde, graças aos altos créditos de Mayla, intercedidos em favor da filha, Magda dava entrada em um departamento de reencarnação, onde tomou consciência dos bárbaros crimes que cometera em sua recente existência.

Chorou muito, envergonhada e arrependida quando se recordou dos momentos em que havia arrancado a pele tatuada dos prisioneiros — que em seguida eram executados —, por sua obcecação em transformar partes de corpos humanos em objetos decorativos.

Chocou-se com a banalização do mal que promovera com crianças indefesas, que eram diabolicamente torturadas, para depois serem separadas de seus pais e levadas para as câmaras de gás. Fazia sentido, agora, o nome com que as entidades infelizes a chamavam, enquanto a torturavam, logo depois do suicídio:

— Bruxa, bruxa, bruxa... A bruxa do campo de concentração nazista! Era assim que a ela se referiam.

Magda pediu para renascer?

Compreendendo agora o quanto fora cruel e insensível, Magda rogou a Mayla que mais uma vez intercedesse por ela, a fim de renascer em corpo que lhe permitisse filtrar as marcas perispirituais que havia adquirido em sua vida anterior e, ao mesmo tempo, lhe proporcionasse profunda reflexão espiritual que a habilitasse à reparação dos males cometidos.

E a misericórdia divina atendeu suas rogativas. Recebeu um corpo físico com as indeléveis marcas que a sua crueldade havia provocado em centenas de criaturas, por ela trucidadas e mortas. O que, aos olhos humanos, poderia significar injustiça divina, nada mais representou do que os reflexos da semeadura infeliz de sua existência anterior.

Por que estamos tratando das agruras de Magda no tempo pretérito?

Porque ela sempre encarou com resignação sua doença e até os vinte e cinco anos de idade portou-se de forma exemplar, procurando auxiliar pessoas à sua volta, principalmente crianças carentes. Enquanto familiares e amigos olhavam-na com comiseração, indignados com sua constituição genética, sem justa causa aparente, Magda, em suas convicções mais íntimas, não sabia o porquê de seus sofrimentos, mas tinha consciência de que os merecia.

Esse comportamento sereno deu forças à sua mãe espiritual Mayla para, mais uma vez, interceder por Magda, a fim de minorar os sofrimentos da sua presente vida. O que os tratamentos médicos não conseguiram ela própria conseguiu, ao receber a inspiração de aplicar sobre as chagas flocos de cereais, que aliviaram o ressecamento da pele.

Aconteceu a transformação de Magda?

Certa ocasião, surgiu em sua cidade um médium curador. Inspirados por Mayla, os familiares de Magda a conduziram aos seus cuidados. O missionário recebeu-a solícito, disposto a fazer o possível para ajudá-la.

Diante da possibilidade de minorar seus sofrimentos, Magda orou com fervor, buscando mais uma vez a ajuda de sua mãe espiritual, a quem já havia se habituado a tratar como o anjo protetor de sua vida.

O médium de cura se viu cercado de espíritos amorosos, que o inspiraram a impor as mãos sobre as chagas de Magda. De suas mãos saíram invisíveis fagulhas de luz, que abrangeram todos os pontos enfermos da moça. Em breves dias o prodígio estava realizado. Magda se viu livre, muito antes do que esperava, dos pontos sanguinolentos de sua epiderme.

Agradecida, ajoelhou-se diante da compaixão divina e, ali mesmo, renovou seus votos de transformação, decidida a aproveitar a preciosa oportunidade concedida pela misericórdia espiritual.

Magda libertou-se do seu passado de sombras?

O segredo de Magda havia se perdido na noite dos tempos e ficara entre ela e os mais próximos servidores do Criador.

A bruxa do campo de concentração nazista finalmente se libertara dos seus ignominiosos atos de ódio, covardia, preconceito e crueldade. Renovara-se diante da dor e da preciosa oportunidade que o amor de sua mãe espiritual havia lhe proporcionado. Queimara seu carma negativo e se tornara apóstola defensora de sofredores e desvalidos. Prevalecera o amor, em lugar da dor.

O que diz Emmanuel sobre o resgate e o reajustamento?

O homem ainda não percebeu toda a extensão da misericórdia divina, nos processos de resgate e reajustamento. Entre os homens, o criminoso é enviado a penas cruéis, seja pela condenação à morte ou aos sofrimentos prolongados. A Providência, todavia, corrige, amando.... Não encaminha os réus a prisões infectas e úmidas. Determina somente que os comparsas de dramas nefastos troquem a vestimenta carnal e voltem ao palco da atividade humana, de modo a se redimirem, uns à frente dos outros.

“A Doutrina Espírita, como a mais avançada mensagem até hoje oferecida à humanidade, permite-nos, tanto quanto possível, aproximarmo-nos, com o exercício da inteligência, das razões de Deus para nossas vidas.”

MEDO

Medo de trabalhar, de servir, de fazer amigos, de desapontar, de sofrer, da incompreensão, da alegria, da dor... E recolhem-se na ociosidade, alegando o medo da ação.

Emmanuel

Medo disto, medo daquilo... Muitas vezes nossos passos podem revestir-se de temor. Por mais rude que seja o momento, a pior maneira de enfrentá-lo será o receio generalizado.

Mais do que nunca, é preciso alimentar a abençoada chama divina que nos foi implantada no íntimo do coração, a fim de enfrentarmos as sombrias estradas em que fomos lançados pelas circunstâncias.

Essa chama precisará ser enriquecida pelo combustível do esforço no bem, ainda que surja o medo, pois ele jamais poderá servir de argumento para justificar o afastamento das forças divinas.

Como falar em benemerência diante da insegurança e da impotência?

A humanidade já vivenciou inúmeros momentos dolorosos. Um dos mais icônicos foi a condução de Jesus — o espírito mais perfeito que já passou pela Terra — ao madeiro infame, seguida da defecção dos discípulos e dos martírios e lágrimas dos seus seguidores.

Mesmo assim, horas antes da suprema agonia, o Mestre, antevendo a dor e o desapontamento que se seguiriam, com vigorosa serenidade assim se pronunciou:

... a vossa tristeza se converterá em alegria. João, 16:20

A grandiosidade do Cristo vislumbrou, naquela bagagem de sofrimentos, a construção de fortes alicerces para uma nova vida, repleta de paz e alegria para a humanidade.

Devemos suportar os embates terrenos com a esperança de conquistar uma vida futura espiritual melhor?

Nas proféticas palavras de Jesus encontraremos o entendimento de que os momentos delicados e dolorosos por que estamos passando funcionam como adubo divino, para que ressurjam bons sentimentos.

Como surgirá a autêntica alegria cristã?

A autêntica alegria cristã não compactuará com os desmandos da inconsciência, vigorosamente defendidos por aqueles que se distanciaram da justiça divina. Ela surgirá com a conscientização das criaturas de que a dor surge quando falha o sentimento.

O Espiritismo nos permite superar a visão estreita do homem perecível, para alcançar a visão ampla do espírito imortal. A Doutrina Espírita, como a mais avançada mensagem até hoje oferecida à humanidade, permite-nos, tanto quanto possível, aproximarmo-nos, com o exercício da inteligência, das razões de Deus para nossas vidas.

O triste quadro social que, infelizmente, começa a tomar corpo no mundo, em proporções epidêmicas, principalmente nos grupamentos distantes da espiritualidade e do trabalho edificante, reflete o modelo de vida daqueles que estão procurando a felicidade no lugar errado.

Os discípulos de Jesus tiveram medo?

Narra Irmão X singular passagem em que o medo palmilhou os passos dos discípulos de Jesus.

Revela que Tiago sentiu medo da reprovação alheia, Bartolomeu asilou o medo da perseguição e Felipe guardou o medo da crítica....

Em dado momento, Pedro, o pescador de Cafarnaum, teria perguntado a Jesus como os discípulos poderiam se livrar do medo, aquele adversário invisível:

Teria respondido Jesus:

— *Quando o tempo e a dor difundirem, entre os homens, a legítima compreensão da vida e o verdadeiro amor ao próximo, ninguém mais temerá.*

Compreendendo melhor a vida e praticando o amor ao semelhante, nos livraremos do medo?

Diz Emmanuel que, sem a presença do Cristo em nossas vidas, seremos frágeis criaturas, expostas aos desenganos e aos sofrimentos reparadores. Útil seria, para a proteção de nossa vulnerabilidade física e espiritual, que considerássemos o planeta como uma imensa escola de trabalho, pois ainda somos seres necessitados de aprimoramento e iluminação.

Queremos nos prevenir contra as intempéries que começam a assolar o interior dos homens? Apeguemo-nos ao bem, ao desprendimento e à moral de Jesus e estaremos prontos para enfrentar qualquer doença, seja ela física, mental ou espiritual.

O que diz Emmanuel sobre o sofrimento?

Não temamos, pois, o que possamos vir a sofrer. Deus é o Pai magnânimo e justo. Um pai não distribui padecimentos. Dá corrigendas e toda corrigenda aperfeiçoa.

MOMENTOS DIFÍCEIS

Em momentos difíceis, dolorosos e incertos, em que o barco da existência está longe do porto seguro e ameaça soçobrar, o mais recomendável é apegar-se ao Evangelho.

Torna-se de todo oportuno recorrer ao sábio Emmanuel, fiel exegeta das palavras de Jesus. Ao falar de crises, parafraseando o evangelista João, ele recomenda:

— *Há que levantar os olhos e devassar zonas mais altas.*

Lembra-nos que a vida não se resume às preocupações com a nutrição e a continuidade da espécie, mas requisita o serviço de iluminação espiritual.

Emmanuel cita especificamente alguma religião?

Note, amigo leitor, que Emmanuel não se refere especificamente à religião — seja qual for a crença adotada por cada indivíduo —, mas à espiritualização.

Nela se compreende a preocupação com o semelhante, o colocar-se, tanto quanto possível, em seu lugar, para avaliar as agruras por que ele está passando e procurar minimizá-las.

A felicidade é possível, mas a paz e a grandeza divina são tesouros reservados para os que se comportam como autênticos filhos de Deus.

Emmanuel adverte, no entanto:

— *É indispensável erguer os olhos, elevar o entendimento e santificar os raciocínios.*

Teríamos alguma ilustração?

Valérium, no livro *Bem-Aventurados os Simples*, ilustra o momento difícil na vida do homem com a narrativa de uma árvore generosa.

Os famintos e exaustos buscavam-lhe os frutos. Os desvairados atiravam-lhe pedras, espancavam-na com varas, sacudiam seus galhos, sufocavam as flores e feriam-lhe o tronco.

Ainda assim, a árvore continuava doando, mesmo àqueles que a maltratavam.

***

Na estrada da existência em que vivemos, também somos objeto de exigências, pedras de ingratidão, varadas de injúrias, provas e expiações características do estado evolutivo do nosso planeta.

Atendamos ao conselho de Emmanuel. Elevemos os olhos e o entendimento e santifiquemos o raciocínio. Façamos como a árvore à beira da estrada, relevando os agressores e compreendendo o atrito das lixas grossas do caminho.

Jesus, quando esteve entre nós, doou os frutos do seu esforço e legou à humanidade a maior mensagem de todos os tempos:

— Eles não sabem o que fazem!

Qual é a recomendação de Emmanuel diante da incerteza?

Irmão muito amado, que te conservas sob a divina árvore da vida, não te fixes tão-somente nos frutos da oportunidade perdida...

Não te encarceres no campo inferior a contemplar tristezas, fracassos, desenganos!

Olha para o alto!

Se as raízes ainda se demoram presas ao solo, os ramos vicejantes, cheios de frutos substanciosos, avançam no infinito, na direção dos Céus.

> “*Se não estás cego, pois, para as leis da vida, se já despertaste para o entendimento superior, examina, a tempo, onde te deixará, provisoriamente, o comboio da experiência humana, nas súbitas paradas da morte.*”
>
> Emmanuel

MORTE

Todos somos dotados de vigoroso recurso da natureza para a proteção, conservação e preservação do organismo físico. Trata-se de forte instinto de que são dotados os indivíduos que compõem o planeta Terra, para evitar o perecimento do invólucro material.

O homem tem medo do que é insondável e misterioso. Para a grande maioria da população terráquea, a morte é interpretada como desgraça e derrocada total, como autêntica viagem para o desconhecido.

Para o materialista a morte é apavorante?

Ao que acha que tudo acaba com a morte, a ideia do nada é aterrorizante, motivo principal para que evite pensar sobre esse macabro assunto. Embora seja óbvia e certa para todos os indivíduos, alguns esquecem-se de que um dia inevitavelmente partirão desta vida e evitam tocar no assunto, como se tivessem encontrado o elixir da eternidade.

Morrer é ruim?

Ainda que o sujeito professe alguma religião, dependendo de cada consciência morrer significaria, segundo alguns religiosos, ir para um lugar escuro, tenebroso, do qual não haveria retorno, cujos indícios de felicidade seriam pífios e destinados a ínfimo percentual da população. A concepção de um céu destinado tão somente a almas puras o tornaria de alcance improvável ou quase impossível.

O que é pior? Um céu entediante ou um inferno desanimador?

Ainda que, contrariando todas as expectativas, a alma pudesse, através de algum artifício ou negociação, garantir sua ida para o paraíso, a perspectiva de uma eternidade monótona e inativa não seria atrativa. Em contrapartida, a submissão às penas eternas, um local de elevadíssimas temperaturas e odores execrantes, segundo descrições de Dante Alighieri, destino indefectível das almas pecadoras — isto é, quase todos nós —, também não é muito animadora.

Como diminuir o medo da morte?

Não me atrevi, caro leitor, a falar em perder o medo, porquanto, mesmo os mais conscientes e crentes ficam com *a pulga atrás da orelha*, quando se toca no horrendo assunto da morte. O primeiro passo para minimizar esse medo é entender que se trata de um fato da vida, pois, querendo ou não, todos morreremos. Tirar o peso da morte e seu caráter fantástico é um bom começo para tratar do assunto. Se quisermos compreender a morte, como alguém que pretende tirar informações de um país desconhecido, é preciso ouvir os que já moram no outro lado da vida.

Costumamos nos preparar para a grande viagem?

Diz o Professor Hermínio Miranda que nos arrumamos, antecipadamente, para visitar outros países, com passaporte, hospedagem, idioma, alimentação e vestimentas. Ao passo que, para a indefectível viagem que todos faremos, não nos preparamos e, não raramente, somos pegos de surpresa e lançados como verdadeiros indigentes em um mundo desconhecido e de características jamais imaginadas.

Temos notícias do além?

— Quem morre não volta para contar a sua história — costumava profetizar minha mãe.

Ela estava enganada! Além das comunicações mediúnicas, disciplinadas e catalogadas pela Doutrina Espírita, surgem agora as chamadas EQMs — Experiências de Quase Morte —, profundamente estudadas pelo Professor Raymond Mood Jr., com relatos incontestáveis, muito semelhantes aos descritos pelos espíritos desencarnados, com notícias *fresquinhas* do outro lado da vida.

O Espiritismo mata a morte?

O Espiritismo nos dá respostas para todas as dúvidas filosóficas. Especificamente sobre a morte, dá-nos visão pragmática, conceituando-a tão somente como retorno à verdadeira vida, a espiritual. A Terra é campo de pouso para rápida permanência. Pode ser considerada hospital, albergue, escola, prisão ou reduto de pecadores. Qualquer coisa, menos o nosso lar. Com a desencarnação retornamos à pátria verdadeira.

A realidade física é mera cópia da realidade espiritual?

A vida do outro lado é a verdadeira e, naturalmente, incomparavelmente melhor do que a material, com as mazelas da matéria e do invólucro físico, desde que estejamos com a consciência tranquila pelo cumprimento de nossos deveres. A matriz dos organismos, da tecnologia, da ciência humana e de inúmeros outros aspectos do planeta Terra encontram-se na vida espiritual, pois somos mera cópia imperfeita da realidade do lado de lá.

Com a morte perdemos entes queridos?

Com os esclarecimentos do Espiritismo tendemos a relativizar o sentimento de perda da partida de um familiar. Jamais perdemos ninguém! Apenas mudamos de residência. Com a mediunidade, o acesso a vidas passadas, os contatos pelas experiências de quase morte e sistemas de comunicação que daqui a pouco serão disponibilizados pela ciência humana, estamos prestes a ter informações dos que nos antecederam, simplesmente porque eles fazem parte do mesmo continente espiritual, com o qual já convivemos sem ter perfeita consciência dessa proximidade.

Para onde iremos depois da morte?

Já estamos no mundo espiritual, pois ele nos rodeia. A matéria do corpo por enquanto inibe nossas percepções. Quando morremos tão somente nos desvestimos da matéria física. Dirigimo-nos às regiões compatíveis com nosso estágio evolutivo e com o que pensamos e fizemos. Céu, inferno e purgatório são estados de consciência para onde somos atraídos, de acordo com as nossas afinidades.

Qual é a melhor morte?

Transferimo-nos para a outra vida como se trocássemos de residência, levando as bagagens que acumulamos. Nossa condição, no mundo espiritual, dependerá muito menos do gênero de morte que venhamos a ter e muito mais ao gênero de vida que tivemos. Há casos de mortes violentas, de transição serena e amiga, devido à providencial assistência dos espíritos, e há casos de doenças de longo curso, que nos convidam à reflexão e, mesmo assim, nos conduzem ao plano definitivo em estados de desequilíbrio e perturbação.

Qual é a advertência de Emmanuel sobre a morte?

Se não estás cego, pois, para as leis da vida, se já despertaste para o entendimento superior, examina, a tempo, onde te deixará, provisoriamente, o comboio da experiência humana, nas súbitas paradas da morte. Vinha de Luz

“*Toda vez que se ora num lar,
prepara-se a melhoria do ambiente
doméstico. Cada prece do coração
constitui emissão eletromagnética
de relativo poder.*”

André Luiz

OBSESSÃO

Espíritos inferiores exploram fraquezas relacionadas com temores, dúvidas ou sentimentos. Quando percebem a queda do padrão vibratório, causada pelo medo, ressentimento ou mágoa, aproveitam-se dessa vulnerabilidade para estabelecer o domínio sobre os encarnados.

Desencarnados não criam doenças. Eles exploram os pontos frágeis do organismo humano, que vão registrar a influência dos espíritos. Problemas de saúde podem ser agravados ou crises podem ser disparadas, por influência de obsessores.

É só prestar atenção nos nossos sentimentos e vamos perceber que, muitas vezes, eles são provocados por espíritos que se aproximam e imprimem em nós algo de suas perplexidades, tendências e maneira de ser.

Através do conhecimento, comportamento equilibrado e superação de más tendências, fechamos o nosso psiquismo às influências inferiores.

Quer se livrar de influências espirituais inferiores? Pratique todo bem ao seu alcance e mantenha um comportamento evangelizado.

Eu tenho que curar feridas para não atrair moscas, isto é, espíritos doentes, que farejam as chagas da minha alma.

Richard Simonetti

Estamos sujeitos às influências dos espíritos?

Espíritos doentes e mal-intencionados entram em nossas casas e mentes porque não criamos as necessárias barreiras ou não nos utilizamos dos antídotos adequados. Ensina-nos Allan Kardec, em *O Evangelho Segundo o Espiritismo*, que *os espíritos maus farejam as chagas da alma, como as moscas farejam as chagas do corpo.* Quer nos relembrar, o Codificador, que os maus pensamentos, a desarmonia, a intolerância, o palavrão e a falta de cordialidade nos transformam em verdadeiros campos de atração para as almas sofredoras, que *sentem o aroma* de nossas invigilâncias.

Isso significa que estamos à mercê dos espíritos infelizes?

Negativo! A solução é fechar a porta de nossa casa e travá-la com ferrolhos resistentes, para que a ela tenham acesso somente nossos protetores e familiares amigos que velam por nós.

Afinal, do que estamos falando?

Da extraordinária proteção do Culto do Evangelho no Lar. Prática simples, ao alcance de todos, verdadeiro tesouro de bênçãos, que isola nosso lar de qualquer má influência que porventura haja sido atraída por pequenos atritos, discordâncias ou gestos infelizes.

De que forma O Evangelho no Lar protege nossa casa?

No livro *Os Mensageiros*, André Luiz faz referência a formas sombrias, monstruosas, que se arrastavam na rua, à procura de abrigo, diante de tempestade iminente. Algumas delas iam em direção de André, que, por alguns momentos, se viu tomado de algum receio.

— *Não temam* — disse, calmo o mentor. *Sempre que ameaça tempestade, os seres vagabundos da sombra se movimentam procurando asilo. Buscam, de preferência, as casas de diversão noturna, onde a ociosidade encontra válvula nas dissipações. Quando isto não se lhes torna acessível, penetram as residências abertas.*

— *Observem como se inclinam para cá, fugindo em seguida, espantados e inquietos. Estamos colhendo mais um ensinamento sobre os efeitos da prece. Nunca poderemos enumerar todos os benefícios da oração.*

— *Toda vez que se ora num lar, prepara-se a melhoria do ambiente doméstico. Cada prece do coração constitui emissão eletromagnética de relativo poder.*

— *Por isso mesmo, o culto familiar do Evangelho não é tão só um curso de iluminação interior, mas também processo avançado de defesa exterior, pelas claridades espirituais que acende em torno.*

— *O homem que ora traz consigo inalienável couraça. O lar que cultiva a prece transforma-se em fortaleza, compreenderam? As entidades da sombra experimentam choques de vulto, em contato com as vibrações luminosas deste santuário doméstico, e é por isso que se mantêm a distância, procurando outros rumos.*

Por que alguns espíritos entram em nossas casas?

Porque encontram a porta aberta. Vamos, então, fechá-la, colocando, imediatamente, lá dentro, a iluminação interior, capaz de se tornar a couraça e o antídoto adequados para protegê-la.

Essa tarefa é muito simples: escolha pelo menos um dia da semana e horário para uma reunião com os familiares. Coloque uma jarra de água para fluidificação. Cada participante poderá ler um pequeno trecho de página edificante, seja ela de Emmanuel, André Luiz ou simplesmente do Evangelho, se nem todos os participantes forem espíritas.

Proferir a prece de encerramento, rogando aos protetores a iluminação de todos os moradores da casa, e depois servir a água fluidificada aos presentes.

Lembramos que não se trata de reunião mediúnica, nem de reunião de estudos. É um congraçamento dos familiares, em torno do Evangelho de Jesus.

Viu como é simples, amigo leitor? Vamos, então, iluminar nosso lar para evitar visitas indesejáveis?

Como um espírito se torna obsessor?

Finalmente Jerônimo encontrou seu velho inimigo, Fabrício, depois de décadas de procura, e agora iria se vingar do mal que ele causara, em vida anterior. Lembrava-se muito bem dos longos anos que passara na prisão, determinada por Fabrício, ao decretar a longa pena, oriunda de processo criminal.

De nada adiantaram os esclarecimentos prestados pelos mentores espirituais que o acolheram, depois da sua morte, e lhe asseguraram que, como juiz de direito, aquele que considerava seu desafeto tão somente cumprira seu dever jurídico.

Em seu peito, havia apenas a sinistra intenção de desforra, que lhe carreava fortes sentimentos negativos. Durante o tempo de procura, arquitetara detalhadamente o plano de vingança contra o oponente que o havia prejudicado e, sob o seu ponto de vista, provocado seu óbito, depois de longa doença contraída no cárcere.

Jerônimo encontrou dificuldades para prejudicar sua vítima?

Entre a teoria e a prática, no entanto, Jerônimo esbarrou em alguns obstáculos. O envolvimento do rival, tão bem planejado, não se mostrou tão fácil quanto esperava. Deparou com um opositor expansivo, otimista, descontraído, honesto e trabalhador. Mais do que isso, por mais que procurasse, não encontrava qualquer brecha moral por onde pudesse se insinuar e perpetrar seus mórbidos planos.

O alvo do obsessor aparentava a culpa que lhe era atribuída?

Fabrício não apresentava qualquer sinal de remorso, característica de quem carrega vasto complexo de culpa. Seu corpo espiritual, inexplicavelmente, encontrava-se em apreciável condição de equilíbrio, sem sinais do mal que se instala nos recessos do espírito de quem o concretiza.

— *Será que os iluminados tinham razão e Fabrício era inocente?* — articulava Jerônimo em seus pensamentos. *Impossível, ele haverá de pagar por tudo o que me fez!*

O padrão vibratório de Fabrício o protegia?

A alma de Fabrício parecia uma armadura indevassável. Era modelo de virtude e de alegria, cumpridor de seus deveres profissionais, marido atencioso e pai extremado.

Amargura, medo, ressentimento, mágoa, angústia, tristeza e outros sentimentos negativos podem nos tornar vulneráveis aos ataques das trevas?

Resignado, o velho vingador já estava quase desistindo da empreitada maligna, quando aconteceu o desastre: um flagelo destruidor, de largas proporções, com grande número de vítimas.

Os telejornais não falaram de outra coisa por noites seguidas. As manchetes jornalísticas ocuparam os espaços mais nobres. Os comentários das pessoas somente giraram em torno das dores, das mortes e dos sofredores. O desastre ecológico era noticiário em várias partes do mundo e as pessoas foram cedendo ao bombardeio das sombras, da angústia e da tristeza. E Fabrício contraiu o *vírus* da amargura.

A fragilidade emocional é uma brecha por onde um obsessor pode insinuar-se?

Levado pela enxurrada da tormenta provocada por inúmeras pessoas lacrimosas e desavisadas, Fabrício acusou o golpe e adquiriu, da noite para o dia, a fragilidade emocional que caracteriza os incautos e invigilantes. Foi um *prato cheio* para o obsessor, que aguardava, pacientemente, para lhe incutir suas sugestões macabras. O fiel trabalhador, que agora era um trapo velho em pessoa, tornou-se extremamente vulnerável aos ataques de Jerônimo, que se preparava para desferir o golpe fatal, com a profundidade desejada. Foi nessas condições que Fabrício adentrou os portais de sua residência, cabisbaixo, triste, negativo e choroso.

Que milagre salvou Fabrício?

Esperava-o a amiga e esposa Márcia, mãe dedicada, com o Evangelho na mão, para, ao lado de seus filhinhos, realizarem a oração semanal. Jerônimo ainda esboçou alguma reação, tentando desfazer aquele círculo de luz que se formava no lar de Fabrício, mas era tarde demais. As nuvens escuras que haviam sido cuidadosamente arquitetadas pelo obsessor começaram a se desfazer, como por encanto.

Como reagiu Jerônimo diante das luzes do lar de Fabrício?

A oração inicial do Evangelho no Lar, proferida por doce criança de apenas sete aninhos, era dirigida aos sofredores da tragédia acontecida e para os infelizes desencarnados. Aquela família estava orando por ele! Agora fora a vez de Jerônimo acusar o golpe. Mas, diferentemente de seu ataque, era um golpe de luz, de que se utilizaram os protetores daquele abençoado lar para envolvê-lo e, finalmente, fazê-lo entender que sua luta era injusta.

O obsessor queria fugir do golpe de luz?

Estranhamente, Jerônimo não se apressou em dali fugir, ao sentir as cálidas vibrações que o envolviam e o faziam sentir-se, depois de muitos anos, pela primeira vez, em paz. A lição da noite falou do combate à tristeza, aos pensamentos negativos, e da incessante luta contra as raízes da amargura do coração. E foi assim, nesse diapasão de harmonia, que Jerônimo se deixou conduzir pelas iluminadas entidades ali presentes, rumo a um novo destino que ali se iniciava.

Como combater o ódio?

Fiquemos com Neio Lúcio:

A projeção destrutiva do ódio morrera, afinal, ali, dentro do lar humilde, diante da força infalível e sublime do amor.

PERDÃO

Quando acontece alguma agressão contra alguém ou que atinja um ente querido, a tendência é que ocorra ação defensiva ou, eventualmente, a busca da desforra. O desejo da represália se torna ainda mais intenso quando o ato lesivo é injusto, passando a vítima a *torcer* contra o verdugo, augurando-lhe situações desagradáveis que o castiguem.

Há casos, entretanto, em que o ofendido atende às sugestões evangélicas e prudentemente se afasta do agressor, deixando que ele se entenda com as leis da vida. Trago-lhe, amigo leitor, em forma de hipotética entrevista, o curioso depoimento de um personagem que foi injustamente lesado e, mesmo assim, não partiu para a vingança. Em sua opinião, neste caso ocorreu efetivamente o perdão?

Qual foi sua reação ao reencontrar-se com seu agressor?

— Assim que me reencontrei com o *velho canalha*, relembrei-me de todo o passado. A arrogância, a ignorância embutida nas fanfarronices, a rispidez no trato e o indefectível orgulho, expressado no tom autoritário das atitudes imprudentes e imprevidentes. Por indiferença, jamais me abalancei a investigar suas atuais condições de vida. Ele que vivesse sua vida, à distância, desde que não tornasse a me agredir, ameaçar ou complicar minha vida familiar.

Manteve distância do ofensor?

— Até por reflexo condicionado, que nos protege das coisas mais desagradáveis, desta ou de outra vida, a distância foi recomendável.

E quanto aos fatos mais sérios, que, aos olhos do homem comum, seriam imperdoáveis, por terem atingido criaturas gratas ao seu coração?

Funcionou o perdão de Jesus, corroborado pelo protagonista de *O Monge e o Executivo*, de James C. Hunter, que nos aconselha a jamais impingir ao agressor as dores de que fomos vítimas. Ele que se entenda com a divindade. Essa indulgência, todavia, não pressupõe confiança. Quem nos machucou, fica à distância, pois temos o direito de nos preservar e nos defender das agressões alheias.

As pessoas geralmente não consideram um absurdo o amor ao inimigo ou ao desafeto?

Um dos personagens de Hunter, de *O Monge e o Executivo*, assim desabafou:

— *Amar nossos inimigos? Amar Adolf Hitler? Amar a Gestapo? Amar um assassino? Como Jesus poderia ter ordenado que as pessoas fabricassem uma emoção como o amor? Principalmente com relação a pessoas nada amáveis?*

— *Uma noite* — narrou o personagem de Hunter —, *vários colegas e eu nos reunimos para tomar umas cervejas na taberna local. Um professor de línguas disse algo parecido com:*

"— Sim, amar nossos inimigos".

Eu respondi:

"— Que piada! Então tenho que amar um estuprador? "

— O professor de línguas me interrompeu dizendo que eu estava interpretando mal as palavras de Jesus. Ensinou-me que o Novo Testamento foi originalmente escrito em grego e os gregos usavam várias palavras diferentes para descrever o fenômeno do amor. Falou de "eros" — atração sexual e desejo ardente —, de "storge" — afeição entre familiares —, de "philos" — amor fraterno — e de "ágape" — amor incondicional, baseado no comportamento com os outros, sem nada exigir em troca.

Qual deles é o amor de Jesus?

— O amor de Jesus é o amor ágape, amor traduzido pelo comportamento e pela escolha, não o sentimento do amor. Jesus Cristo não queria dizer que nós devemos fazer de conta que as pessoas ruins não são ruins, ou nos sentir bem a respeito de pessoas que agem indignamente. O que ele queria dizer era que devemos nos comportar bem em relação a elas. Eu nunca tinha pensado nisso dessa maneira.

Além desse caso, que você chama de "velho canalha", teria alguma situação familiar para ilustrar esse tipo de amor ágape?

— Uma das minhas filhas tinha aprontado uma *arte* imperdoável. Eu fiquei muito bravo com ela. Altiva, desafiadora, passou ao meu lado, no exato momento em que eu estava gostando muito pouco dela, em direção à rua. Nesse instante, detectei a aproximação, em alta velocidade, de uma moto. Porque eu estava com raiva dela, não a alertei do perigo?

— Que bobagem! Quando ela passou por mim, segurei-a pelo braço, protegendo-a. Ela olhou para mim espantada e voltou para dentro de casa. Eu poderia estar muito bravo com ela, mas, naturalmente, continuava amando-a.

Foi aí que você entendeu a lógica de Jesus quando recomendou o perdão?

— Sim! Amar o inimigo não é confiar nele, nem confraternizar com ele, nem mesmo aproximar-me dele, expondo-me a novo perigo. Embora meu próximo seja difícil e eu não possa gostar muito dele, posso me comportar amorosamente com ele, posso ser paciente com ele, honesto e respeitoso, embora ele opte por comportar-se mal.

Você poderia terminar a história do "velho canalha"?

— Era ele mesmo que estava ali? Onde estava o velho arrogante e orgulhoso? Irreconhecível! Cercado de carinho e atenção.

Ficou indignado com o bom tratamento que o seu antigo verdugo estava recebendo?

Sim, e até por uma questão de consciência e de responsabilidade, eu precisava alertar seus atuais protetores.

— Sabem quem é ele? — indaguei. Conhecem seu passado? Sabem o que ele já aprontou? Sou testemunha ocular de seus desmandos, pois fui uma de suas vítimas.

Naturalmente, eles se surpreenderam e se afastaram para se proteger?

Negativo! Não pensei que depois de tanto tempo, mesmo com a minha provecta idade, eu fosse obrigado a engolir mais um ensinamento da vida.

Os protetores do meu antigo desafeto discorreram longamente sobre as minhas queixas, dizendo-se perfeitamente conscientes de que ele *não havia sido flor que se cheira*, como diria minha mãe.

Mas que ele havia sofrido muito, era outra pessoa e, mesmo que seus atos de outrora não justificassem um bom tratamento, a eles somente importava as suas necessidades atuais.

Fui obrigado a admitir que os carinhosos guardiães do *velho canalha* estavam cobertos de razão. Vencido, falido, com sinais do mal de Parkinson.... Eu estava diante de um espectro de gente. Onde estava o *velho canalha*? A vida finalmente o derrubara...

Conseguiu assimilar, finalmente, a lição do perdão?

— Não sei se já posso me considerar nesse nível de entendimento, mas consegui aquietar meu coração, envolvido pela atitude benevolente e de compreensão das abnegadas criaturas que passaram a cuidar do meu antigo agressor. Senti-me agasalhado por uma espécie de manto de uma nova vida, que somente o amor pode fazer surgir.

— A partir de então tive a certeza de que ali não estava mais o velho canalha, e sim, um irmão, necessitado de compreensão e tolerância, embora no passado houvesse agido muito mal, como, aliás, deve ter exatamente acontecido com cada um de nós.

"*Existem fortes evidências apresentadas por cientistas de renome, moral inatacável e respeito junto às comunidades científicas, que não falam em provas, mas atestam respeito à ideia da reencarnação, que tende a se impor aos que abrem suas comportas intelectuais para o aprendizado ou que cogitam dúvidas existenciais.*"

REENCARNAÇÃO

Embora seja um tema milenar, a reencarnação até hoje ainda não é totalmente aceita por muitas pessoas, em razão de preconceito, desinteresse ou por falta de estudo. Assim como aconteceu com outras leis universais, o Espiritismo enunciou a reencarnação como lei divina que disciplina a jornada evolutiva do espírito, com experiências que se repetem na Terra, até que ele possa viver em planos mais adiantados.

Sendo um tema milenar, já estudado na antiga Grécia e admitido no antigo Egito, a reencarnação era ensinada para qualquer pessoa?

Espirituosamente, um antigo corcunda da Antiguidade costumava dizer que os homens carregavam dois alforjes. No das costas levava, discretamente, os próprios defeitos. No da frente, acintosamente, ostentava os defeitos alheios. Metaforicamente, poderíamos dizer que o mesmo ocorria com os homens de saber.

No compartimento dianteiro, levavam as falsidades convencionais, que, segundo seus julgamentos, o povo estava preparado para conhecer. Bem escondidas, no compartimento traseiro, acumulavam e transportavam as verdades de seu saber.

Se algum curioso atrevia-se a apresentar qualquer dúvida filosófica, como, por exemplo:

— *Como explicar que uma inocente criança nasça cega?*

O intrometido recebia uma das respostas adrede preparadas:

— *Mistério divino, vontade do Criador, dogma indevassável.*

Ou qualquer outra lorota, como:

— *Pecados dos antepassados, escolha da divindade, para que aquela criatura fosse conduzida direta e rapidamente para o céu.*

Como se Deus privilegiasse alguns escolhidos ou o conhecimento fosse fruto proibido, como sugere a inverossímil fábula adâmica.

A ideia da reencarnação era familiar ao povo judeu?

Uma das passagens mais expressivas no estudo da reencarnação é a do homem que era cego desde o seu nascimento. João, 9:1-3

Caminhando, Jesus viu um homem cego de nascença. E os seus discípulos perguntaram:

— *Mestre, quem pecou, este ou seus pais, para que nascesse cego?*

Dessa pergunta depreendem-se algumas conclusões:

1) Os discípulos já conheciam aquele homem e sabiam que havia nascido cego;

2) A tradição judaica, baseada no primeiro mandamento da *Tábua da Lei*, admitiria, equivocadamente, que filhos pudessem pagar pelos erros dos pais. *É o que se deduz*

da pergunta "Quem pecou, seus pais? ". Descartada essa aberração, surgiu outra hipótese.

3) Os cristãos admitiam que aquele homem teria vivido uma vida anterior. É que se conclui das perguntas implícitas nas palavras dos discípulos: Quem pecou, este? Como assim? Se o homem era cego de nascença, quando teria pecado?

Os ensinamentos não param aí. Vejamos a resposta de Jesus:

— *Nem ele pecou, nem seus pais, mas para que se manifestem as obras de Deus.*

Quando encontramos um deficiente ou doente de nascença, logo deduzimos, segundo a Doutrina Espírita, que esse espírito teria errado em existência anterior e agora estaria expiando seus débitos. Nossos males mais graves geralmente são consequências de erros cometidos no passado.

Nem sempre é assim. Diante da afirmação de Jesus de que *nem ele pecou*, chegamos à conclusão de que em determinadas situações escolhemos passar por situações difíceis, não por débito ou comprometimento, mas para realizar uma missão, desenvolver determinado trabalho ou simplesmente coadjuvar experiência com o Cristo, como foi o caso daquele cego de nascença, com o objetivo de ensinar os homens.

Aquele homem não veio para pagar dívidas e sim por conta própria, em regime de provação, dentro do seu planejamento reencarnatório. Queria, provavelmente, fortalecer seu caráter, desenvolver novas habilidades e descobrir novas forças dentro dele mesmo.

— Quem pecou para que esta criança nascesse cega? Seus pais ou ele mesmo?

Por que os pais? Absurda crença judaica de que os descendentes herdavam os pecados dos pais. Como essa resposta a ninguém convenceria nos tempos atuais, restaria a outra impertinente alternativa relativa aos pecados do próprio deficiente visual.

Mas, espere aí. A criança não teve tempo para pecar, pois nasceu cega! Obviamente, quem assim perguntasse obrigaria o interpelado a abrir o alforje traseiro para honestamente informar que somente no passado, antes do nascimento, isto é, em vida anterior, estariam as causas daquela deficiência.

Existem provas científicas da reencarnação?

Existem fortes evidências apresentadas por cientistas de renome, moral inatacável e respeito junto às comunidades científicas, que não falam em provas, mas atestam respeito à ideia da reencarnação, que tende a se impor aos que abrem suas comportas intelectuais para o aprendizado ou que cogitam dúvidas existenciais.

Podemos citar como exemplo o professor Hemendra Nath Banerjee, que nasceu na Índia em 1929 e faleceu em 1985. Foi um dos mais destacados pesquisadores sobre a reencarnação. Desenvolveu a maioria de seus trabalhos enquanto era Diretor do Departamento de Parapsicologia da Universidade de Rajasthan, na Índia.

Em 1979, publicou o livro *Vida Pretérita e Futura*, um relato de 25 anos de pesquisas na área da reencarnação. Nesse livro, descreve seus achados em mais de 1.100 casos estudados não apenas na Índia, mas em diversos países, inclusive nos Estados Unidos, onde há bastante aversão ao tema, principalmente por parte do meio científico.

A partir de seu trabalho, o assunto começou a despertar o interesse de alguns estudiosos, dentre os quais se destacou o Prof. Ian Stevenson, da Universidade de Virgínia, autor do livro *Vinte Casos Sugestivos de Reencarnação*.

Poderia nos descrever um dos estudos do Professor Banerjee que sugira a reencarnação?

Um dos casos apresentados por Banerjee é o da menina Mohini, de 9 anos, de Punjab, *Índia*, que, inesperadamente, quando jantava com seus pais, começou a falar da cidade de Nova Iorque, nos Estados Unidos.

—Já morei lá — disse ela.

Passou a descrever os detalhes daquela cidade, onde, segundo ela, morara com um tio. Falou da casa onde residira, de seus hábitos, dos alimentos de que fazia uso, dos brinquedos, de como ia às festas e da escola que frequentava.

Citou até mesmo nomes e sobrenomes da família à qual dizia pertencer e informou que morrera aos 18 anos.

Qual foi a reação do Professor Banerjee?

Banerjee pesquisou. Esteve em Nova Iorque, onde encontrou a família descrita, evidentemente com todos os seus membros mais velhos, vários já falecidos, precisamente no lugar indicado, e confirmou os pormenores da história.

Voltando à Índia, levou fotografias de pessoas da família, já falecidas, misturadas com as de pessoas desconhecidas. Mohini viu as fotografias e selecionou exatamente os membros da família que dizia ser a sua.

Temos aqui uma evidência da reencarnação, que foi exaustivamente pesquisada por um cientista de renome.

Além de Banerjee e Ian Stevenson, podemos citar ainda o Dr. Hernani Guimarães Andrade, engenheiro civil brasileiro, que foi presidente do Instituto de Pesquisas Psicobiofísicas de São Paulo.

Existem provas filosóficas da reencarnação?

Os argumentos filosóficos são os mais convincentes, insofismáveis e incontestáveis.

Como justificar as diferenças físicas, sociais, intelectuais ou financeiras entre os homens? Por que alguns nascem nos mais sofisticados centros culturais, rodeados de progresso e oportunidades, e outros nascem em regiões extremamente carentes? Por que nascem crianças perfeitas e outras com deficiências congênitas? Como explicar os grandes gênios, que, desde a infância, parecem já ter nascido com seus conhecimentos?

Somente com a chave mágica da reencarnação, irmã gêmea da lei de causa e efeito, resolveremos essas questões, com a compreensão de que o espírito vive muitas vezes e de que a nossa vida presente foi determinada pela maneira como vivemos no passado.

Caberá aos homens de saber livrarem-se dos preconceitos e dos interesses pessoais, passando a portar apenas um alforje, contendo as verdades que consolam e orientam o ser humano, para que este cumpra os desígnios divinos através da mais preciosa oportunidade concedida por Deus: a vida.

RESIGNAÇÃO

A resignação precisa ser intensamente exercitada, considerando-se que todos os sofrimentos sempre têm uma razão de ser e que ninguém sofre injustamente.

Ela é objeto da primeira epístola de Paulo aos Coríntios, quando ele assim se expressa, em seu capítulo XIII:

Quem tem amor *tudo sofre, tudo crê, tudo espera, tudo suporta.*

Faz parte de nosso processo evolutivo aceitar passiva e apaticamente todos os obstáculos da vida?

Não exatamente dessa forma.

— Aqueles que, estando em indigência, recebem recursos para sua recuperação e não os aproveitam, não estão praticando a resignação, e sim a vadiagem.

— Os que somente pedem auxílio, sem cogitar de seus próprios esforços, em busca da autossuficiência, ensaiando mendicância, não estão praticando a resignação, e sim a indolência.

— Religiosos em crises dolorosas, que não se utilizam dos recursos oferecidos pela espiritualidade ou por seus núcleos religiosos capazes de restituí-los à normalidade, não estão praticando a resignação, e sim a volúpia de sofrer.

— Criaturas atendidas, mas que continuam exarando queixas e lamentações, não estão praticando a resignação, e sim o complexo de vítima.

A intuição de que erramos e merecemos sofrer pode nos levar à prostração e ao acomodamento?

Uma coisa é reconhecer que não fomos santos em vidas passadas e, mesmo sem saber exatamente por que sofremos, entender que merecemos. Outra coisa é *encostar o corpo* diante das adversidades e nada fazer para superá-las. Cruzar os braços e esperar que os outros, o Estado ou as instituições religiosas ajam por nós, é fazer a pior escolha no processo de recuperação de nossas vidas.

Espíritas podem passar por essa acomodação?

Nós, espíritas, passamos muitas vezes por esse mesmo processo de acomodamento. Consideramos o Espiritismo uma coisa extraordinária, que justifica por que aqui nos encontramos, no planeta Terra, com magníficas oportunidades de progresso e recuperação de faltas passadas, mas nos deixamos seduzir pelos cantos das sereias da materialidade, sem cogitar do significado mais amplo que a Doutrina nos descortina.

Resignação significa aceitar, mas sem o processo de acomodação ou de insulamento, que, não raramente, a dor nos provoca.

Temos algum caso para ilustrar esse processo de aceitação da vontade divina?

O acidente ocorreu décadas atrás. Um ônibus lotado de crianças e jovens, em merecida excursão promovida pela escola, envolveu-se em colisão, na rodovia, e despencou de alta ribanceira. Quase todos morreram, causando consternação geral na cidade e, naturalmente, em todos os familiares.

Luzia, mãe de Lucas, de dez anos, não se conformava e entrou em profundo processo depressivo. Ia ao cemitério todos os dias, lacrou o quarto do menino e recusava-se a doar seus bens.

Inconsolável, revoltada com Deus, não se resignava diante do fato. Mobilizaram-se parentes, amigos e até o sacerdote da igreja que frequentava, para tentar trazê-la de volta à vida. Tudo inútil! Luzia entregara-se de tal forma à tristeza, que parecia desistir de viver, para unir-se ao filho.

Alice, sua prima, pediu ajuda a Ricardo, conhecido orador e escritor espírita. Queria que ele a visitasse para tirá-la do perigoso marasmo em que se comprazia em permanecer.

Ricardo conseguiu tirar Luzia daquele marasmo que a prejudicava?

— Luzia — começou a falar o visitante. Conheço caso muito parecido com o seu. Inconformada com a morte do filho, a mãe de uma criança, da idade da sua, enforcou-se nos fundos da sua casa, unindo-se ao esquife do filho, que se encontrava na sala. Tempos mais tarde, numa reunião espírita, o filho manifestou-se, lamentando o gesto tresloucado da mãe. Ela havia adiado por décadas o reencontro com seu filho.

— Não estou pensando em me matar! Respondeu Luzia, entre chorosa e agressiva.

— Você está se matando, Luzia — falou Ricardo, no mesmo tom. Da mesma forma, está adiando o momento em que voltará a ver seu filho, na espiritualidade.

— Não acredito muito nessa história de comunicação com os mortos e, para dizer a verdade, nem sei mesmo se um dia vou reencontrar meu filho — expressou-se a mãe, desalentada e descrente.

— Já ouviu falar de Chico Xavier? — perguntou, de chofre, Ricardo.

— Alice já me falou dele. Acha que eu deveria visitá-lo? Mesmo sem acreditar muito que meu filho possa dar notícias?

— Nem todas as mães que procuram Chico obtêm respostas. Mas, para Deus, nada é impossível. E quanto à sua incredulidade, saiba que os bons espíritos ajudam os que creem e os que não creem. Tudo depende do merecimento.

— Merecimento meu ou do meu filho?

— De ambos! E nem sempre os nossos queridos falecidos estão em condições de se comunicar.

A conversa parou por aí. Mesmo descrente, Luzia aceitou de bom grado a oração e o passe espírita ministrado por Ricardo. À sua saída, acompanhada da prima Alice, a mãe falou, reticente:

— Desculpe a minha amargura, seu Ricardo, mas estou mesmo desesperada. Acha mesmo que eu deveria procurar o Chico?

— Se fosse comigo, eu iria orando daqui até Uberaba, na busca de alguma notícia de meu filho.

Luzia foi procurar Chico Xavier?

Por *coincidência*, no final da semana seguinte iria sair da cidade uma excursão para Uberaba. Alice conseguiu duas vagas no ônibus e acompanhou a prima na visita ao grande médium.

A probabilidade de conseguir uma carta de Lucas era muito remota. Das quase trezentas mães que compareciam ao Grupo Espírita da Prece, em cada final de semana, menos de dez por cento eram contempladas com uma comunicação do além. Diante dessa realidade, Luzia seguiu o conselho de Ricardo e foi debulhando seu terço, em ferrenhas orações, até chegar a Uberaba.

Filas enormes, choradeiras, calor e um aperto danado, foi o que as duas mulheres encontraram. Mesmo assim, conseguiram dois lugares bem próximos do médium.

A sofredora mãe foi consolada por Chico Xavier?

A décima carta lida por Chico assim dizia:

— *Por que essa tristeza, mãe Luzia? Estou com vovô Ernesto e vó Cacilda e tenho acompanhado todo o esforço da Tia Alice para trazê-la de volta à vida.... Foi o vô Ernesto que sugeriu a ela que levasse seu Ricardo lá em casa para falar com a senhora, mãe. Prestou bem atenção nas palavras dele? A senhora está querendo morrer para ficar comigo? Péssima ideia, mãe. Na Terra, por motivos que somente agora estou conhecendo, fui descoberto pela morte. Era para ser exatamente como aconteceu, por razões ligadas ao meu passado, mãe. Jamais, entretanto, devemos pensar em descobrir a morte. A vida deve prosseguir, pois, daqui a algum tempo, estaremos reunidos aqui na pátria espiritual. Agora, se a senhora continuar nessa lamúria, daí sim, vai demorar muito para a gente se encontrar.*

— Abra e areje meu quarto, mãe, doe minhas coisas. A sua tristeza está me fazendo muito mal, me contagiando e me entristecendo também. Ainda bem que o vô Ernesto — que aqui é muito respeitado pelo bem que fez na Terra e por seu nível espiritual — me coloca para cima, todas as vezes que a senhora chora.

Luzia e Alice, que se debulhavam em lágrimas, correram até Chico e fizeram menção de abraçá-lo, mas se contiveram, diante da sequência da leitura da mensagem.

— Não desista da vida, mãe. Você tem saudades de mim? Mate essas saudades passando a trabalhar na creche do seu Ricardo. Cada criança que a senhora agradar, estará me agradando. Não perdi o meu olhar para você e para os demais queridos que ficaram aí na Terra. Tenho esperança de que viveremos juntos aqui uma nova vida, que se abre para os que têm fé e confiança em Deus.

Luzia aceitou a preciosa mensagem de seu filho?

Luzia estava renovada. Respirava agora a longos haustos, não mais na toada do desespero, mas na pauta de uma suave brisa de esperança. Seguiria rigorosamente os conselhos do filho e tomaria todos os cuidados possíveis para não mais contagiá-lo com sua tristeza.

Pelo filho e pelo abnegado Chico Xavier, que passou a amar e a respeitar, Luzia não mais se deixaria esmorecer. Seria forte e não mais cairia na depressão, para não prejudicar o seu amado menino.

Tão logo chegou à sua cidade, em companhia de Alice, procurou Ricardo, agradecendo o abençoado conselho que lhe havia dado. Graças a ele, havia reencontrado seu filho e a própria alegria de viver.

No dia seguinte, Luzia estava na creche mantida pelo centro espírita de que Ricardo fazia parte. Levava consigo não apenas as preciosas roupas de Lucas para doação, mas o coração renovado, confiante no glorioso porvir que seu filho havia lhe revelado.

Quando parte um ente querido, o luto fica só do lado de cá?

Nossos amados que partiram desta vida não estão em compartimentos estanques e distantes. Torcem por nós, preocupam-se com nossas vidas e, quando lhes é permitido, vêm ao nosso encontro, com sua gloriosa mensagem de imortalidade.

Nós podemos, inadvertidamente, permanecer de luto, por tempo indeterminado. Eles não, e aguardam serenamente o momento de estar conosco novamente. Confiemos em Deus e aceitemos resignadamente seus desígnios, na certeza de que o tempo traz a magia da recuperação e o conforto dos nossos entes queridos, que passam a esperar pacientemente pela alegria do reencontro.

> “*A concepção medieval do céu como local eterno de felicidade para os que desfrutam da presença de Deus está completamente ultrapassada nos tempos atuais, inclusive para profitentes de outras religiões.*”

SOBREVIVÊNCIA DA ALMA

Desde que o homem atingiu o princípio da racionalidade, a maior descoberta que fez sobre si mesmo foi a de que possui, além do corpo físico, um duplo espiritual, ou seja, todos somos dotados de alma.

Tão importante quanto admitir a existência da alma foi constatar sua individualidade, suas características próprias, diferentes do corpo físico, e compreender que se pode atribuir a ela alegria ou sofrimento.

Allan Kardec dava muito valor aos que se aproximavam da Doutrina Espírita sem nunca terem presenciado nenhum fenômeno mediúnico. Assim também, na atualidade, há grande número de adeptos que se encantam com o Espiritismo, não pelas curas ou alívios com que são beneficiados, mas pelo consolo e esclarecimento que a filosofia espírita lhes proporciona.

Não obstante, as notícias de familiares desencarnados que retornaram através do processo mediúnico não param de chegar, assim como o passe espírita continua trazendo equilíbrio e minimização de dores.

O que diferencia o adepto que se aproxima do centro espírita pela dor, daquele que vem pela sede de esclarecimentos às suas dúvidas filosóficas, é exatamente a convicção de quem não precisa de provas para respaldar a sua crença.

As respostas aos porquês da existência são alicerces vigorosos, respaldados na estrutura filosófica do Espiritismo, mais do que nos fenômenos mediúnicos, sujeitos a interpretações subjetivas ou mesmo a fraudes ou ardis.

— Por que sofremos? Por que existem ricos e pobres? Por que razão alguns nascem com deficiências e outros saudáveis e atletas? Deus tem preferência por gênios, em detrimento dos portadores de transtornos mentais? Por que tanta diversidade racial, geográfica e cultural, se Deus é sinônimo de justiça e misericórdia?

O Espiritismo responde a todas essas perguntas informando que há um processo evolutivo em curso, com várias etapas a serem cumpridas, que têm por base a sobrevivência da alma à morte física e as múltiplas existências por que ela passa, em direção ao seu aperfeiçoamento.

Para onde vai a alma depois da morte?

Dizer que ela vai para baixo (suposto inferno) ou para cima (suposto céu) seria, pretensiosamente, situá-la geograficamente na infinitude do universo, onde desaparecem as coordenadas, ainda que fôssemos dotados de um miraculoso GPS.

Em vez disso, dizer que as almas se situarão no todo invisível no meio do qual vivemos e levarão sua felicidade ou infelicidade em si mesmas; que seus destinos estão subordinados aos respectivos estados morais; e que elas se reunirão a outras almas simpáticas e afins, de acordo com seu grau de depuração, não seria utilizar linguagem mais convincente e acessível à razão humana? Convenhamos que esse raciocínio é muito mais útil e atraente do que o da felicidade da contemplação e da inutilidade perpétua.

Ainda na sequência desse pensamento, não seria muito mais fácil aceitar que os chamados demônios nada mais são do que almas não depuradas, cujos destinos não estão inapelavelmente perdidos, e que poderão chegar, como as outras, à mais elevada perfeição?

Não nos diz o bom senso que essa tese é muito mais defensável e de acordo com a justiça e a bondade de Deus, do que a doutrina de seres criados para viver eternamente voltados para o mal?

Salva-nos o Espiritismo, luz que clareia os caminhos e traz, com lógica e raciocínio incontestáveis, ampla visão das finalidades da vida física e dos caminhos que percorreremos após a morte. Da mesma forma, a Doutrina Espírita rege os contatos entre nós, que ora vivemos do lado de cá, com os outros, que vivem do lado de lá da existência.

Por que encontramos grande quantidade de espíritos que desencarnam e permanecem com suas atenções voltadas para a vida material?

Segundo o texto evangélico, *onde estiver o seu tesouro, aí também estará o seu coração.* [Mateus, 6:21] Essas palavras de Jesus querem dizer que estaremos onde as intenções e a maneira de ser nos levarem. Isso pode acontecer com os que morrem apegados ao dinheiro e às coisas materiais e que ficam presos aos bens que julgam ainda serem seus, sem se aperceberem de que não mais pertencem a este mundo.

O exemplo clássico do apego de um morto às suas riquezas está no encontro de André Luiz com seu avô Cláudio, registrado no livro *No Mundo Maior*, já citado em capítulo anterior deste livro.

— *Precisamos de alguma saída. Não podemos com delongas. E nossos negócios? Nossas casas? Incalculável é a riqueza que descobrimos...*

E indicava com ufania os punhados de lodo a escorregar--lhe das mãos aduncas.

— *Mas... – prosseguia, pensativo – todo este ouro, que temos conosco, permanece à mercê de ladrões, nesta miserável charneca. Imprescindível é ganharmos o caminho de volta.*

Essa tenaz ligação do desencarnado com o plano físico indica que seu coração ainda estava focado no seu patrimônio, porque todas as suas impressões estavam voltadas para a vida material.

Isso significa que as almas penadas ficam por aqui mesmo, rondando os vivos?

Segundo depoimentos mediúnicos dos que passaram a viver no além, existem realmente aquelas almas, mesmo cultas e bem informadas sobre aspectos do conhecimento, que aqui vivem uma realidade insólita a respeito das condições da vida após a morte, ignorando-a ou fingindo que ela não existe.

Se morrem nessas condições, podem ingressar na espiritualidade em difícil situação e tendem a voltar à procura dos encarnados. Permanecem cativas aos interesses humanos e pode acontecer de o espírito, muito afeiçoado aos familiares, ficar preso ao seu lar, sem noção de que faleceu.

Poderia nos trazer um caso para ilustrar essa situação?

Temos a narrativa de uma reunião mediúnica em que o espírito tinha grande apego à família, o que não é necessariamente uma coisa ruim, mas que, se não for bem administrada, pode ocasionar alguns transtornos para o desencarnado.

Ao conversar com esse espírito perturbado, em estado de desequilíbrio, inconsciente de sua situação, o esclarecedor percebeu que ele estava muito nervoso, pois dizia, através do médium:

— *Minha mulher não me respeita mais. Está com outro homem em nosso próprio lar. Isso é um absurdo! Não sei mais o que fazer para abrir seus olhos e interferir nessa situação.*

A pobre alma não havia se dado conta de que desencarnara já há um certo tempo e de que sua esposa se casara novamente. Uma perturbação de quem está apegado ao plano material e precisa de ajuda para seguir seu destino.

O céu dos espíritas significa descanso eterno?

A concepção medieval do céu como local eterno de felicidade para os que desfrutam da presença de Deus está completamente ultrapassada nos tempos atuais, inclusive para profitentes de outras religiões.

Para o espírita é inconcebível ficar na indolência — esta sim um verdadeiro inferno — por toda a eternidade, quando o Espiritismo nos diz que a evolução é uma lei divina.

Basta ler as obras de André Luiz e encontraremos espíritos em atividades de estudo e trabalho, em favor do próprio aprimoramento, intelectual e espiritual, engajados em atividades produtivas, sob o comando dos grandes prepostos da espiritualidade.

Temos surpresas ao chegar à vida espiritual?

Vejamos esta experiência, descrita por André Luiz em *Obreiros da Vida Eterna.*

Gotuzo confessou-se em deplorável ignorância, ao chegar do plano físico. Católico militante, sempre aguardou o sossego beatífico, depois da morte. Apresentou-se com todos os sacramentos e passaportes da política religiosa, que lhe haviam sido passados em cerimônia fúnebre. Como não conseguiu obter os privilégios que lhe haviam sido prometidos, voltou à Terra para tirar satisfações com o pároco de sua igreja.

Procurou o Padre Gustavo, que lhe havia assegurado a convivência com os anjos e a presença do Senhor, porque ele havia doado expressiva importância à antiga paróquia. Queria interpelar o sacerdote pois, ao transpor o portão do sepulcro, não se sentira na prometida corte dos santos.

— *Incompreendido e cego, peregrinei por muito tempo, entre a aflição e a demência, nas criações mentais enganadoras que trouxera do mundo físico.*

Finalmente, Gotuzo confessou a maior surpresa ao encontrar a paisagem de serviço que a vida espiritual descortina e a tristeza diante dos que anseiam pela morte na busca do eterno descanso, quando, na verdade, vão encontrar atividades e problemas complexos de trabalho, na continuidade de suas jornadas evolutivas.

Há algum momento em que a reencarnação deixa de ser alternativa e se torna compulsória?

Espíritos mais evoluídos, que já têm noção perfeita de que viver é um processo contínuo de evolução, chegam a um momento de não mais precisarem reencarnar. Por outro lado, indolentes acostumam-se com a indigência, mesmo vivendo mal, como vive a população de rua da Terra. Esses espíritos acabam sendo compelidos à reencarnação obrigatória, para o seu próprio bem, por imposição das leis divinas, que não admite estágios por tempo indefinido e indeterminado em regiões de obscuridade e de inércia.

O choro dos encarnados atrapalha a chegada do espírito ao plano espiritual?

Nos primeiros momentos da desencarnação, o espírito do morto pode permanecer em situação de extrema vulnerabilidade, pois ainda se encontra ligado ao corpo pelo cordão final e continua receptivo às vibrações dos familiares e das pessoas presentes ao seu velório. A comoção não é proibida, mas o desespero e a revolta dos familiares não fazem bem para o recém-desencarnado e acabam repercutindo em seu íntimo.

Relembrar com insistência as circunstâncias da morte pode trazer desequilíbrio ao morto, fazendo-o reviver as dores de seus momentos finais. Ao se debruçar, em prantos convulsos sobre os despojos, as pessoas dificultam a restauração mais rápida do finado querido.

Da mesma forma, as conversações sem proveito e a relembrança de fatos infelizes acabam por atrair ao velório alguns protagonistas já desencarnados.

Qual é a recomendação de André Luiz?

Adverte André Luiz, ao descrever o velório de Dimas, em *Obreiros da Vida* Eterna:

— *No estado atual da educação humana, é muito difícil alimentar, por mais de cinco minutos, conversação digna e cristalina numa assembleia superior a três criaturas encarnadas.*

— *É por isso que, por enquanto, os mortos que entregam despojos aos solitários necrotérios da indigência são muito mais felizes.*

Frequentemente o falecido não percebe o que está se passando e, nesse dia, como nos outros, atende ao chamado do pensamento. Com nosso comportamento, com a nossa prece, podemos auxiliar o que partiu a se desvencilhar mais facilmente de seus derradeiros laços, tornando mais calmo o seu despertar.

Os parentes que o antecederam na grande viagem vêm esperá-lo, conduzi-lo e orientá-lo. Eles não podem fazer milagres e sim auxiliar o desencarnado, pois, dele mesmo, da sua consciência, é que surgirão os sentimentos de felicidade ou de desilusão, ao tomar consciência de sua nova condição de vida.

Estudos atuais, mesmo fora do meio espírita, vêm trazendo novas informações sobre a vida além-túmulo. As experiências de quase morte são exemplos das informações que as novas tecnologias estão disponibilizando aos homens, fazendo-nos antever como será a definitiva libertação do corpo físico.

Entretanto, ainda encontramos tristes depoimentos que indicam incredulidade quanto à continuidade da vida, corroborando o texto bíblico de Abraão: [Lucas, 16:31]

— *Se não ouvem Moisés e aos profetas, tampouco se deixarão convencer, ainda que ressuscite alguém dentre os mortos.*

Como podemos auxiliar os que morrem?

Podemos e devemos ajudar quem partiu com nosso comportamento e com a nossa oração, pautando nossas conversas com assuntos nobres, distantes das frivolidades, que podem trazer desconforto ao desencarnado. Afinal de contas, não é exatamente o que esperamos que aconteça quando chegar a nossa hora?

O que podemos falar sobre a cremação, do ponto de vista da sobrevivência da alma?

Antigamente predominava a crença de que, com a queima do cadáver, todos os defeitos também seriam queimados, a alma seria libertada definitivamente do corpo, chegaria ao plano espiritual purificada e não voltaria mais à terra para assombrar os vivos.

Há sinais arqueológicos de que a cremação era praticada, pelo menos, desde o período neolítico da civilização. Mais tarde, nas civilizações ibéricas, foi transformada em cerimônia, visando-se obter dos deuses a condução segura da alma ao reino dos mortos, para lá ser bem recebida.

Com o dogma da ressuscitação do corpo e da alma de Jesus, a Igreja passou a defender a inumação. Não obstante, o Papa Paulo VI manifestou-se de forma a não proibir a cremação e, ao mesmo tempo, recomendou o tradicional e piedoso costume do sepultamento.

Espíritas, cientes de que persistem, por algum tempo, os laços entre espírito e corpo, costumam aguardar pelo menos setenta e duas horas para iniciar o processo crematório.

No entanto, tendo sido respeitados os três dias recomendados por Emmanuel, se, mesmo assim, não ocorreu o desligamento, o espírito não será, obviamente, atingido pelas chamas, mas poderá passar por alguma situação de desconforto.

Os fornos crematórios aguardam o tempo que a família determinar para realizar a incineração.

A sobrevivência da alma implica levarmos alguma coisa daqui da Terra?

Todos os bens acumulados aqui na Terra de nada servirão no fim da vida. Como diria um ditado popular, *caixão não tem gavetas.* Por outro lado, levaremos todas as nossas conquistas morais e intelectuais. Daí a recomendação evangélica de que devemos investir no bem, para que tenhamos algum patrimônio a nos esperar no mundo espiritual.

Lembro-me de uma história de Malba Tahan, contida em seu livro *Lendas do Céu e da Terra,* que nos dá uma ideia daquilo que levaremos da vida material.

Um homem tinha três amigos, aos quais dedicava-se muito. Certa ocasião, ele foi chamado para comparecer a um tribunal, diante de um juiz. Assustado e inseguro, procurou o primeiro amigo e pediu que o acompanhasse.

— *Sinto muito* — respondeu o primeiro amigo. *Esse juiz é muito severo e eu não gostaria de ter contato com ele. Nada posso fazer em seu favor, além de pagar as despesas de sua viagem.*

Recorreu ao segundo amigo, que lhe disse:

— *Sim, eu o acompanharei até a porta do tribunal, mas de lá não poderei passar.*

Finalmente, o homem recorreu ao último amigo que lhe restava. Sem hesitar, ele atendeu ao pedido do homem, acompanhou-o até a presença do juiz e se esforçou com dedicação e carinho pela sua absolvição

Quem eram os três amigos do homem?

O primeiro eram os bens materiais, que podem atender as nossas necessidades aqui da Terra. Nada além disso.

O segundo eram os familiares, que poderão nos acompanhar até a porta do túmulo, mas não irão conosco para o plano espiritual.

O terceiro eram as boas ações, que nos acompanharão, nos defenderão e farão valer nossos direitos, em qualquer tempo ou lugar.

Nossos esforços de renovação, de solidariedade e de superação das inferioridades e imperfeições, aqui na Terra, serão as mais eficientes defesas na vida espiritual

No plano espiritual nos lembraremos de todo o passado?

Em *O Livro dos Espíritos* encontramos a informação de que o espírito, depois da morte, tendo vivido muitas vezes na Terra, recordar-se-á dessas experiências. Logo deduzimos que bastará morrermos para tomarmos conhecimento de todo o nosso passado. Não é bem assim que as coisas funcionam. Essas lembranças não ocorrem completa e inopinadamente.

Tendemos a ficar, inicialmente, fixados na encarnação mais recente. À medida que o espírito permanece no plano espiritual, pode ir adquirindo maturidade e condições para acessar, pelo menos parcialmente, as memórias de vidas anteriores.

Vejamos a experiência de Dona Laura, mãe de Lísias, que se preparava para uma nova encarnação, registrada por André Luiz, em *Nosso Lar*.

André estranhou que, até aquele momento, não havia ainda conseguido saber mais detidamente sobre o seu próprio passado espiritual. Perguntou a Dona Laura, mãe de Lísias, que o *adotara* como filho e o orientava como verdadeira mãe, se ela havia recordado suas vidas anteriores.

Dona Laura informou que antes de tudo precisou se despojar de suas impressões inferiores da vida física e obter maior equilíbrio. Somente depois de adquirir maior segurança é que teve forças para enfrentar os erros do passado.

Explicou que somente depois de longo período de meditação pôde ser submetida a determinadas operações psíquicas, com passes de espíritos técnicos, no cérebro, e conseguiu penetrar nos domínios emocionais das recordações. E, mesmo assim, conseguiu acesso a apenas trezentos anos de memória integral. Ela ainda não estava preparada para ter consciência de débitos anteriores, perante a justiça divina.

A memória integral, de tudo que já viveram, somente é possível para espíritos muito evoluídos.

TRANSIÇÃO PLANETÁRIA

— Como seria a Terra se os seus habitantes já fossem voltados para o mundo de regeneração?

Essa pergunta foi formulada por Richard Simonetti, com a interessante proposta de identificar pessoas já dispostas a colaborar no campo do altruísmo, pela construção de uma nova humanidade.

Considerou Richard que estamos às vésperas da grande transição anunciada por Kardec, de mundo de expiações e provas para mundo de regeneração. Lembrou ele que o nosso planeta ainda caracteriza-se pelo egoísmo, na base do cada um por si e o resto que se vire. Já, no mundo de regeneração, predomina o altruísmo.

Enquanto na Terra atual impera o trio terrível — egoísmo, vaidade e orgulho —, no mundo de regeneração ocorre mais ou menos o que acontece na Colônia Nosso Lar: uma cidade tranquila, localizada em plena região umbralina, onde as pessoas vivem bem, onde há paz, trabalho e felicidade, porque os seus habitantes assumiram o compromisso, perante a própria consciência, de só pensar no bem e praticá-lo. Eles guardam o empenho de servir, trabalhar e coadjuvar a obra da criação. Não são espíritos perfeitos, mas, efetivamente, fazem o possível para domar suas más inclinações e promover a sua transformação moral.

Seria possível identificar, aqui na Terra, algum lídimo representante do devotamento e do altruísmo?

Não seria uma tarefa difícil. Embora ainda em quantidade pequena, é possível encontrar pessoas inteiramente devotadas ao próximo, que realizam maravilhosos trabalhos nos campos do bem, social, religioso e até no campo político. Gente idealista, que trabalha para o bem da humanidade.

É possível encontrar a felicidade aqui na Terra?

Em *O Livro dos Espíritos*, de Allan Kardec, encontramos a notícia de que, por enquanto, não é possível usufruir da completa felicidade, na Terra, mas que é possível suavizar os males e sermos felizes tanto quanto comporte a nossa existência grosseira, dentro dos limites do nosso orbe.

Falam ainda os espíritos da possibilidade de se alcançar uma espécie de felicidade relativa, desde que nos dediquemos à prática das leis de Deus.

Finalmente, ainda na mesma linha de raciocínio, abrem os mentores uma janela de oportunidades, ao admitirem a possibilidade de irmos resgatando as nossas faltas, já desde esta vida.

Ora! Essas orientações espirituais não estão se referindo exatamente aos personagens destacados por Simonetti, que, nesta existência, com suas atitudes e comportamentos, estão antecipando o momento de transição anunciado pelos espíritos? Esse modo de ser caracteriza a atuação de encarnados de nível superior, adrede preparados e especialmente designados para melhorar as novas gerações, que estão vindo para agilizar a grande transição, que já está em andamento.

Como surgirá a nova geração anunciada por Jesus e preconizada pelo Espiritismo?

De que forma ocorrerão as transformações que culminarão com a ascensão do nosso planeta para superior degrau evolutivo? Com cataclismos que aniquilarão de repente as atuais gerações? Ensina-nos Allan Kardec que não será dessa forma. Esse processo — substituição de espíritos que praticam o mal pelo mal — será gradativo, fazendo com que a geração atual gradualmente seja sucedida por uma geração nova, que se identifique com o bem, composta por espíritos melhores.

Quando ocorrerão essas transformações?

Elas já estão ocorrendo. Muitos espíritos obstinados no mal, que teimam, com renitência, em não se modificar, estão tendo sua última oportunidade de remissão, em suas presentes encarnações. Por outro lado, existem pessoas que trabalham graciosamente, que têm seus afazeres, necessidades, famílias e compromissos, mas encontram tempo e disposição para desenvolver atividades de benemerência.

Esses espíritos fazem parte da geração nova, que, por ora, é composta por alguns, mas que no futuro será constituída pela maioria. Em outras palavras, pioneiros do processo de regeneração já se encontram em nosso meio, inaugurando um maravilhoso movimento em que todos deverão estar integrados, se quiserem continuar encarnando aqui, no planeta Terra.

O mundo de regeneração surgirá quando todos nós estivermos dispostos a vencer o velho egoísmo e partirmos para o altruísmo, que caracteriza o comportamento dos verdadeiros filhos de Deus.

Ainda no livro *A Gênese*, de Allan Kardec, encontramos, na página do Doutor Barry, a confirmação de que essa escalada em direção à regeneração já começou:

É no período que ora se inicia que o Espiritismo florescerá e dará frutos. Trabalhais, portanto, mais para o futuro, do que para o presente. Era, porém, necessário que esses trabalhos se preparassem antecipadamente, porque eles traçam as sendas da regeneração, pela unificação e racionalidade das crenças. Ditosos os que deles aproveitam desde já. Tantas penas se pouparão esses, quantos forem os proveitos que deles aufiram.

Queremos fazer parte dessa nova geração?

Estamos efetivamente interessados em fazer parte da nova geração? A que primará pelo aprimoramento moral e comporá o mundo de regeneração que começa a se implantar na Terra? Talvez a poesia *A Saga do Homem Justo*, de Merlânio Maia, possa nos ajudar.

Ela narra a história de um homem justo e bom que, ao morrer, foi impedido de entrar no céu. Resignado, perguntou:

— *Por favor, me diga, onde irei ficar?*

A resposta que recebeu não o agradou, mas aceitou-a silenciosamente:

— *Seu lugar é no inferno.*

O homem agradeceu, despediu-se e desceu até o seu destino.

Depois de duas semanas, o séquito de Satanás chegou ao céu, gritando, pedindo para falar com o arcanjo:

— *Quem mandou aquele agente sagaz?* — perguntou o

chefe das trevas, referindo-se ao homem justo e bom. *Desde sua chegada está desmoralizando o inferno. Chegou escutando as pessoas, olhando-as nos olhos e conversando com elas. Agora está todo mundo dialogando, abraçando-se e beijando-se. O inferno não é lugar para isso. Exijo que tragam esse sujeito para cá!* — encerrou Satanás.

***

Vivamos de tal forma que, se por engano, formos parar no inferno, o próprio demônio nos trará de volta ao paraíso.

***

Fiquemos com Richard Simonetti:

Na medida em que estivermos dispostos a edificar o bem e a orientar as nossas vidas no sentido de construir a solidariedade no mundo, treinaremos a nossa capacidade de servir. Talvez hoje interessados na possibilidade de receber benefícios ou em melhorar a nossa situação espiritual. Mas amanhã espontaneamente.

Assim estaremos preparados para o mundo de regeneração. Ainda que esse mundo ainda demore um pouco, dentro de nós ele irá nascendo e irá crescendo para instalar o Reino de Deus dentro de nós e na Terra, com o nosso esforço e desejo de servir.

> “*Quando erramos, podemos ferir ou prejudicar alguém. Antes de tudo, porém, ferimos e prejudicamos a nós mesmos, pois lesamos a própria alma e retardamos oportunidades de crescimento.*”

VÍCIOS

Vícios alteram a constituição humana e criam necessidades irreais. Considera-se vício a ingestão de substâncias tóxicas, como tabaco, álcool ou drogas que causam alterações físicas ou psíquicas. O conceito deve ser mais abrangente. Seguindo o preceito evangélico de que o homem deve se preocupar não apenas com o que entra por sua boca, mas também com o que sai, o Espiritismo amplia esse entendimento. Tanto os textos da Codificação, como os extraordinários conhecimentos transmitidos por André Luiz, falam em comportamentos viciosos, que vão muito além das substâncias ingeridas pelo homem.

O que caracteriza uma sociedade civilizada?

Aquela que consegue banir os vícios, cujos componentes vivem como irmãos, praticando a caridade cristã.

Há algum vício do qual deriva todo o mal?

Esclarecem os espíritos que o egoísmo é a causa de todos os demais vícios. Aí está a origem das chagas morais, incompatível com todas as qualidades da sociedade.

Vícios respondem aos nossos pensamentos?

Tudo o que desejamos depende das energias que direcionamos para o bem ou para o mal. De acordo com a escolha, o pensamento abrirá o caminho e voará à frente, idealizando e concretizando o objetivo almejado. Persiste sempre, entretanto, a responsabilidade, pois a vida responde de acordo com a nossa solicitação.

Vícios atraem espíritos?

Impulsos infelizes da alma que prejudica a si mesma ou a outrem invocam espíritos doentes ou viciados, que se tornam instrumentos de idealizações, em cujas vibrações nos enredamos. Com isso, estabelece-se uma espécie de pacto, pois o preço da ajuda que nos prestam é a subserviência a que ficamos sujeitos. Todavia, apesar da cumplicidade, a escolha e a responsabilidade são nossas. Somos senhores e escravos de nossas criações.

Espíritos exploram nossos vícios?

André Luiz refere-se à associação recíproca que pode se estabelecer entre viciados da espiritualidade e encarnados com tendência para o comportamento vicioso. Num processo de hipnose consentida, desencarnados infelizes tornam-se verdadeiros vampiros, em fenômeno mediúnico às avessas, e sugerem a ingestão de substâncias ou ordenam atitudes, ideias que são aceitas tacitamente pelo encarnado.

Funde-se o morto com o vivo, em encaixe perfeito, como se morassem, temporariamente, no mesmo corpo, em perfeita identificação, cujo impulso não se pode precisar se parte de um ou de outro, num fenômeno de completa conjugação.

Existe violência da parte do obsessor? Absolutamente! A hospedagem do espírito ocorre por deliberação própria do encarnado, que aceita de bom grado a simbiose, sem cogitar da condição de vítima.

No corpo físico ou agindo fora do corpo físico, o espírito é senhor da constituição de seus atributos. Responsabilidade não é título variável. Tanto vale numa esfera, quanto em outras. Todos somos livres para sugerir ou assimilar isso ou aquilo.

André Luiz[*Sexo e Destino*]

Levamos nossos vícios ou eles ficam por aqui?

Espíritos são homens desencarnados, que levam virtudes e defeitos. Os que chegam viciados ao plano espiritual poderão procurar encarnados que tenham tendência para o vício, para se satisfazer por um processo de associação psíquica. Irmão Jacó, no livro *Voltei,* fala dos chamados *canecos vivos*, que nada mais são do que alcoólatras estimulados por mortos a beber, para dar a eles a sensação de que estão ingerindo bebidas alcoólicas.

Viciados associam-se a obsessores, que, atraídos, tenderão a satisfazer sua própria dependência por intermédio do ser vivo. Daí a dificuldade de dependentes se livrarem dos hábitos que os prejudicam, pela influência dos viciados do além, que não querem abrir mão da simbiose.

Não são propriamente espíritos vingadores, pois às vezes nem conhecem o obsidiado, apenas se agregam a ele.

Podemos adquirir vícios dos pais?

A educação é fator fundamental para que a criança se

liberte de tendências pretéritas, principalmente a partir dos exemplos que lhe são oferecidos. Tendemos a renascer em ambientes que se afinam com o nosso modo de ser. Considere-se ainda que, quase sempre, antes de renascer o espírito já se confiava a este ou àquele comportamento vicioso. Além disso, existem enfermos desencarnados que aderem àqueles que permitem ser seus instrumentos.

O que são vícios da mente?

Orgulho, vaidade, tirania, egoísmo, preguiça, crueldade, maledicência, crítica sistemática, gula e compulsão sexual são alguns dos vícios da mente que podem gerar perturbações e doenças físicas. Essas tendências precisam ser administradas para que a enfermidade não acompanhe o espírito depois do túmulo. Almas desequilibradas congregam-se com seres afins em zonas purgatoriais.

Quando erramos, podemos ferir ou prejudicar alguém. Antes de tudo, porém, ferimos e prejudicamos a nós mesmos, pois lesamos a própria alma e retardamos oportunidades de crescimento.

Vícios são enfermidades e desarmonias que sobrevivem no perispírito e poderão se refletir em existências e corpos futuros.

O que acontecerá com almas necrosadas pelo vício?

Infelizmente, muitas vezes poderão precisar de dolorosas reencarnações expiatórias com recursos extremos como Síndrome de Down, hidrocefalia, paralisia, cegueira, epilepsia, transtornos mentais e muitos outros. Mentes desequilibradas necessitam de semelhantes processos para despertar para as obrigações que lhes competem.

André Luiz[Nos Domínios da Mediunidade]

A dor é o único remédio para a recuperação?

Mentes desequilibradas que reconsideram o próprio caminho podem retornar à regularidade, recuperando a si mesmas e, assim, ajudando a recuperar os desencarnados a ela imantados. Com a alavanca da boa vontade, da determinação e do esforço podemos realizar verdadeiros milagres.

Depois da morte poderemos permanecer na viciação?

Quando nos ligamos a entidades infelizes, com quem nos consorciamos levianamente, ficamos sujeitos a contrair doenças que podem nos transportar para a morte ainda em condição de viciação. No entanto, na condição de internados ou estudantes em estâncias purgatoriais, poderemos nos livrar das consequências mais imediatas dos vícios e paixões aviltantes que cultivamos no plano físico.

Após essa limpeza, se formos julgados dignos, entraremos em processo de pesquisa e observação das causas de nossos desajustes e quedas. Depois desse processo introspectivo, poderemos ser recambiados ao domicílio terrestre, onde reencarnaremos em ambientes em que falimos ou provocamos danos em outras criaturas.

Estaremos habilitados, como expressa André Luiz, a dar os primeiros passos em direção à definitiva cura da alma.

André Luiz[Sexo e Destino]

AGRADECIMENTOS

Aos revisores Edson de Oliveira, Mauro Sebastião Pompílio, Carlos Eduardo Luz e José Mauro Progiante, que emprestaram seus conhecimentos doutrinários e vernaculares na revisão e complementação desta obra.

A Renato Leandro de Oliveira, pela diagramação do texto e criação da bela capa que motiva a leitura deste livro.

Aos amigos e colaboradores da RÁDIO/TV CEAC Jonatas (Jhow) Santos e José Aparecido (Théo) de Oliveira, pelo apoio, incentivo e veiculação deste trabalho.

FONTES E AUTORES	OBRAS E TEXTOS CONSULTADOS
BERNARDES – THIAGO	DETERMINISMO E FATALIDADE
BÍBLIA	NOVO E VELHO TESTAMENTO
CAMPOS, HUMBERTO DE	O BRASIL ANEDÓTICO
DIVERSOS – FRANCISCO CÂNDIDO XAVIER	REENCONTROS
EMMANUEL – FRANCISCO CÂNDIDO XAVIER	LUZ NO LAR
EMMANUEL – FRANCISCO CÂNDIDO XAVIER	PÃO NOSSO
EMMANUEL – FRANCISCO CÂNDIDO XAVIER	VINHA DE LUZ
EMMANUEL – FRANCISCO CÂNDIDO XAVIER	A CAMINHO DA LUZ
EMMANUEL – FRANCISCO CÂNDIDO XAVIER	CAMINHO, VERDADE E VIDA
EMMANUEL – FRANCISCO CÂNDIDO XAVIER	FONTE VIVA
EMMANUEL – FRANCISCO CÂNDIDO XAVIER	PAULO E ESTÊVÃO
EMMANUEL – FRANCISCO CÂNDIDO XAVIER	O LIVRO DA ESPERANÇA
EMMANUEL – FRANCISCO CÂNDIDO XAVIER	RELIGIÃO DOS ESPÍRITOS
GAMA, RAMIRO	LINDOS CASOS DE CHICO XAVIER
HUNTER, JAMES C.	O MONGE E O EXECUTIVO
INCONTRI, DORA	A MULHER E O ESPIRITISMO
JORNAL TERCEIRO MILÊNIO	ASSIS (SP) NOVEMBRO 2019

FONTES E AUTORES	OBRAS E TEXTOS CONSULTADOS
KARDEC, ALLAN	O LIVRO DOS ESPÍRITOS
KARDEC, ALLAN	O LIVRO DOS MÉDIUNS
KARDEC, ALLAN	O EVANGELHO SEGUNDO O ESPIRITISMO
KARDEC, ALLAN	O CÉU E O INFERNO
KARDEC, ALLAN	A GÊNESE
KARDEC, ALLAN	REVISTA ESPÍRITA
KARDEC, ALLAN	OBRAS PÓSTUMAS
KARDEC, ALLAN	O QUE É O ESPIRITISMO
LUCA, FÁBIO DE	O ENTREGA DOR – HUMOR E ESPIRITISMO
LUIZ, ANDRÉ – FRANCISCO CÂNDIDO XAVIER	NOSSO LAR
LUIZ, ANDRÉ – FRANCISCO CÂNDIDO XAVIER	OS MENSAGEIROS
LUIZ, ANDRÉ – FRANCISCO CÂNDIDO XAVIER	MISSIONÁRIOS DA LUZ
LUIZ, ANDRÉ – FRANCISCO CÂNDIDO XAVIER	OBREIROS DA VIDA ETERNA
LUIZ, ANDRÉ – FRANCISCO CÂNDIDO XAVIER	NO MUNDO MAIOR
LUIZ, ANDRÉ – FRANCISCO CÂNDIDO XAVIER	LIBERTAÇÃO
LUIZ, ANDRÉ – FRANCISCO CÂNDIDO XAVIER	ENTRE A TERRA E O CÉU
LUIZ, ANDRÉ – FRANCISCO CÂNDIDO XAVIER	NOS DOMÍNIOS DA MEDIUNIDADE
LUIZ, ANDRÉ – FRANCISCO CÂNDIDO XAVIER	AÇÃO E REAÇÃO
MEIMEI – FRANCISCO CÂNDIDO XAVIER	IDEIAS E ILUSTRAÇÕES

FONTES E AUTORES	OBRAS E TEXTOS CONSULTADOS
MENEZES, BEZERRA DE	A LOUCURA SOB NOVO PRISMA
MENEZES, BEZERRA DE	LOUCURA E OBSESSÃO
MIRANDA, HERMÍNIO	NAS FRONTEIRAS DO ALÉM
MIRANDA, HERMÍNIO	AS MIL FACES DA REALIDADE ESPIRITUAL
MIRANDA, HERMÍNIO	A OBRA DE KARDEC E KARDEC DIANTE DA OBRA
PAULO, O APÓSTOLO	EPÍSTOLAS
PERALVA, MARTINS	ESTUDANDO A MEDIUNIDADE
SHELDON, CHARLES M	EM SEUS PASSOS, O QUE FARIA JESUS?
SIMONETTI, RICHARD	PARA VIVER A GRANDE MENSAGEM
SIMONETTI, RICHARD	A VOZ DO MONTE
SIMONETTI, RICHARD	UMA RAZÃO PARA VIVER
SIMONETTI, RICHARD	VIVER EM PLENITUDE
SIMONETTI, RICHARD	A PRESENÇA DE DEUS
SIMONETTI, RICHARD	PAZ NA TERRA
SIMONETTI, RICHARD	ESPIRITISMO UMA NOVA ERA
SIMONETTI, RICHARD	MEDIUNIDADE, TUDO O QUE VOCÊ PRECISA SABER
SIMONETTI, RICHARD	ABAIXO A DEPRESSÃO
SIMONETTI, RICHARD	O QUE FAZEMOS NESTE MUNDO
SIMONETTI, RICHARD	QUEM TEM MEDO DA MORTE?
SIMONETTI, RICHARD	PARA GANHAR DA VIDA
SIMONETTI, RICHARD	PROGRAMAS “DESPERTAR” TV CEAC
TIAGO, APÓSTOLO	NATIVIDADE DE MARIA (EVANGELHO APÓCRIFO)

FONTES E AUTORES	OBRAS E TEXTOS CONSULTADOS
VALÉRIUM - FRANCISCO CÂNDIDO XAVIER	BEM AVENTURADOS OS SIMPLES
X, IRMÃO – FRANCISCO CÂNDIDO XAVIER	LUZ ACIMA
X, IRMÃO – FRANCISCO CÂNDIDO XAVIER	PONTOS E CONTOS
X, IRMÃO – FRANCISCO CÂNDIDO XAVIER	CONTOS DESTA E DOUTRA VIDA

BIBLIOGRAFIA DO AUTOR

01 – REENCONTRO 2012
Crônicas e histórias.
Editora: CEAC

02 – EM SINTONIA COM O AMOR 2013
Comentários sobre O Sermão da Montanha.
Editora: CEAC

03 – SER FELIZ É UMA ARTE 2014
Crônicas e dissertações da atualidade.
Ênfase para a conquista da felicidade.
Editora: CEAC

04 – SER FELIZ É UMA DECISÃO 2015
Crônicas e dissertações da atualidade.
Ênfase para a conquista da felicidade.
Editora: CEAC

05 – DR. GALTON -
O RESTAURADOR DE PASSADOS 2015
Romance.
Ênfase para traumas psicológicos, TVP – Terapia de Vidas Passadas, processos obsessivos, perdão, reconciliação e proteção espiritual.
Editora: CEAC

06 – AMOR PURO E VERDADEIRO 2016
Crônicas e dissertações da atualidade.
Ênfase para o amor materno.
Editora: CEAC

07 – LUZES EM PARIS 2016

Romance.

Ênfase para a codificação, obras básicas e páginas selecionadas da Revista Espírita, tendo por pano de fundo a Paris do século XIX e a epopeia vivida por Allan Kardec.

Editora: CEAC

08 – LUZES NO BRASIL 2017

Romance.

Ênfase para a educação, transposição da árvore do Evangelho, reencarnação de franceses e amplo projeto da espiritualidade para o Brasil.

Editora: CEAC

09 – SOB A LUZ QUE LIBERTA 2018

Romance.

Estudo da situação espiritual. Excertos da Coleção A vida no mundo espiritual, *de André Luiz – Francisco Cândido Xavier.*

Ênfase para as consequências da rebeldia, do ódio e da vingança de espíritos que, durante séculos, recusavam-se a perdoar e a se regenerar.

Editora: CEAC

10 – A FELICIDADE TEM PRESSA! 2018

Crônicas e dissertações da atualidade.

Ansiedade, depressão e suicídio. Ênfase para a conquista da felicidade.

Editora: CEAC

11 – HERDEIROS DE NÓS MESMOS 2019

Romance

O despertar de um bravo lutador dos direitos humanos.

Editora: CEAC

12 – DE VOLTA A NOSSO LAR 2019

Parceria com Aylton Paiva

Baseado na Obra Nosso Lar, de André Luiz.

Editora: CEAC

13 – DR.GALTON -

O CONSTRUTOR DE FUTUROS 2020

Histórias e dissertações doutrinárias

Quando a ciência se aproxima da espiritualidade

Editora: CEAC

14 – GABRIELLE - UM PONTO DE LUZ 2021

Romance

Quando a ganância e o ódio se encontram com o amor.

Editora: CEAC

15 – POR QUÊ? – O ESPIRITISMO RESPONDE 2021

Perguntas e respostas com noções básicas e

temas atuais à luz da Doutrina Espírita

Editora: CEAC

CEAC
EDITORA